三寸之舌，强于百万之师

万卷出版公司

总序

中华文明的历程，源远流长，据地下出土的实物考证，迄殷商之际，就已经出现文明起源的标志——文字。此种文字，或刻于甲骨，或铭于青铜，概因材料限制，所记史事无不约略而简明。春秋时期，简牍出现，而后缣帛流传于世。但仍未步入寻常百姓家。直到纸张的出现，典籍才真正扩大了传播的范围。

璀璨的中华民族文化典籍，先后在这些载体中延续，为后世留下了一笔宝贵的精神财富。延至唐代，雕版印刷术的发明，加快了典籍的传播进程。有宋以来，活字印刷术的出现，使大批量典籍的印制成为可能。刻书不再为官府独有，开始转向了民间。两宋三百一十六年间，刻书事业最为兴盛，据不完全统计，官私刻书竟达一万多种，而印刷数量更是以千万来计，各种名目的图书进入了百姓之家。即便元代，历时虽不足百年，但是刻书数目也达到三千多种，数量蔚为可观。

然而，随着朝代更迭，『兵燹』与『祸乱』盛行，各种典籍散佚极其严重，加之历代执政者焚书，传世典籍已经日趋珍惜。至明清，唐、五代时期所刻典籍，如片鳞只甲，大多湮没于世；而宋元时期所刻典籍，亦所剩无多。宋版书千金难求，一旦偶获，即被奉为瑰宝。无怪乎清代版本学家、校勘学家顾千里发出这样的慨叹：『宋元本距今远者八百余年，近者不足五百年，而天壤间乃已万不一存。』

时至今日，文物古籍已成稀世之宝，多被束之高阁，藏于各大图书馆、博物馆之中。随科技的进步，通过高超的影印技术可以把古籍真实地还原出来，让人思接千载，神游万仞。但是令广大读者遗憾的是，面对这些缺乏句读、艰涩的辞句，聱牙的文言，真能入乎其中、探骊得珠者，为数甚少。而境外诸邦，咸称中国传统文化，

尊奉其为修身真理，治世良策。有鉴于此，新排古籍应运而生。这种融古今于一体的出版方式，真正适应了大众读者的需求。它采用了古籍的形式，加入现代人的阐释和解读，这些曾闪现在历史长河中鲜为人知的思想火花，一时呈现出绚丽的光芒，有力地推动了中华文化在海内外的传播和发展。

手工线订产品系列，主要包括国学经典和国学艺术两大类，正是针对古籍出版来尝试的一种承续形式。国学经典类对传统古籍披沙拣金、层层筛选经史子集各种书目，择取其中最为世人熟知，最能代表文化精髓者；再精选历代善本，邀专家注解，并用白话文再现古圣先贤的智慧。国学艺术类利用先进技术，四色或者双色印刷，力求还原传世典藏的本来面目及其独特魅力。使中华文化的香火传之久远，并泽及后世，这不仅是智品藏书全员的衷心，更是华夏同仁的殷切期盼。

前言

战国时期，是中国历史上一个激烈变革的时期。这一时期，七雄并立，征战不休，战争的激烈程度远远超过了以前。孟子评价这一时期的战争是『杀人盈城，杀人盈野』。

为了在兼并战争中立于不败之地，各国争相变法、延揽人才。于是士作为一种最活跃的阶层出现在政治舞台上，他们以自己的才能、学识游说于各国之间，施展着自己治国安邦的才干，他们甚至决定着国家的命运。生动、客观地记录这一时期重大历史事件以及纵横家的言论的当属《战国策》。

《战国策》为国别体史书，是现在保存不多的记载战国时代的历史文献之一。西汉末年刘向将其编定为三十三篇，全书按东周、西周、秦国、齐国、楚国、赵国、魏国、韩国、燕国、宋国、卫国、中山国依次编写。这是一部史学名著，详细记录了当时纵横家的言论、事迹及一些义勇志士的风采，反映了当时的历史特点和社会风貌，全书没有系统完整的体例，都是相互独立的单篇，是研究战国历史的重要典籍，具有极高的史学价值。司马迁撰写《史记》战国时代的内容主要参考的就是《战国策》。

此外《战国策》具有非常突出的文学性，尤其在人物形象刻画、言谈技巧、寓言故事等方面具有极其鲜明的艺术特色。可以说《战国策》代表了先秦散文的最高成就。

《战国策》对人物都有鲜明生动的描写，尤其是一系列栩栩如生、光彩照人的『士』的形象。纵横之士如苏秦、张仪，勇毅之士如聂政、荆轲，高节之士如鲁仲连等等，都具有一定的典型意义。《战

国策》长于说事，辩论喜夸张、渲染，畅所欲言，具有很强的说服力。

我们此次对《战国策》进行了精选后加以出版，其中不乏《齐人有冯谖者》、《张仪为秦破从连横》等脍炙人口的古文名篇。为了方便读者阅读，我们对每篇文章的生僻字词给予注释，并用现代白话文翻译，使读者能够准确地理解文章的内容。此外以中国古代的优秀版画作为本书的插图，几乎涵盖了所有古代版画的优秀作品，以图释文，具象化阅读古文经典。

中国文化奥妙深远，读之韵味无穷。虽《战国策》不能穷尽中国文化之精髓，但对读者了解国学，了解传统文化，学习古人论说技巧，大有裨益。

目录

册一

卷一 东周策

卷二 西周策

目录

目录

目录

目录

目录

目录

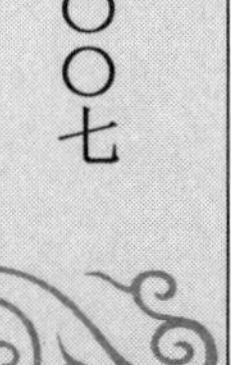

目录

目录

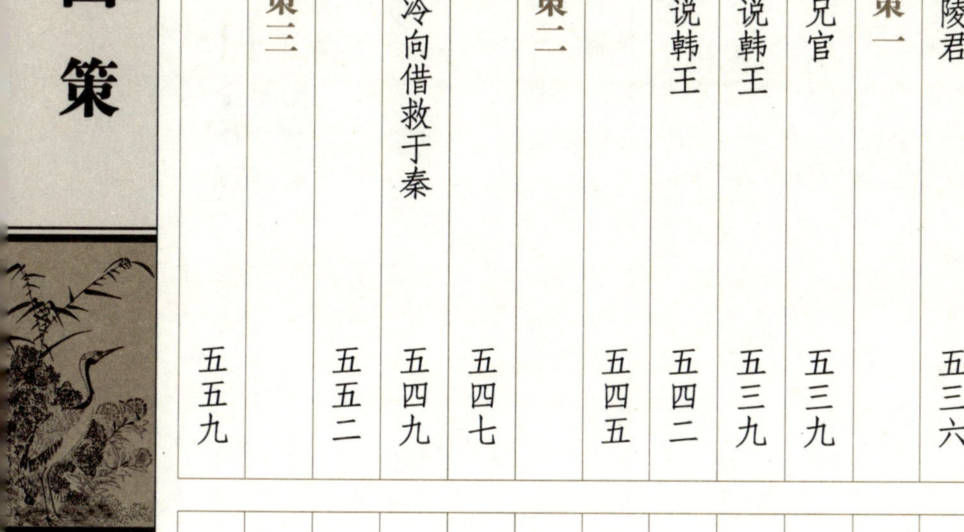

目录

卷一 东周策

秦兴师临周而求九鼎

原文

秦兴师临周而求九鼎①，周君患之，以告颜率②。颜率曰：『大王勿忧，臣请东借救于齐。』

注释

①九鼎：传国的宝物，象征着国家权力，相传是禹铸造而成。②颜率：人名，周王室的臣子。

译文

秦国发兵威胁东周，向东周君索要九鼎，周君很忧虑这件事，就把事情告诉朝臣颜率。颜率说：『君王不必忧虑，请让臣向东边的齐国借兵求救。』

原文

颜率至齐，谓齐王曰：『夫秦之为无道也，欲兴兵临周而求九鼎，周之君臣，内自尽计：与秦，不若归之大国①。夫存危国，美名也；得九鼎，厚宝也。愿大王图②之。』齐王大悦，发师五万人，使陈臣思③将以救周，而秦兵罢。

注释

①大国：暗指齐国。②图：考虑。③陈臣思：齐国的臣子。

译文

颜率到了齐国，对齐王说：『如今秦王暴虐无道，打算举兵向东威胁周君，索要九鼎。我东周

君臣在宫廷上想尽了办法，结果君臣一致认为：与其把九鼎送给暴秦，还不如送给贵国。这样齐国既挽救了面临危亡的东周王室而获得美好的名声，又得到了九鼎这样极为重要的宝物。希望大王考虑这件事。”齐王一听非常高兴，立刻派遣五万大军，任命陈臣思为统帅前往救助东周，秦兵果然撤退。

原文

齐将求九鼎，周君又患之。颜率曰：“大王勿忧，臣请东解之。”颜率至齐，谓齐王曰：“周赖①大国之义，得君臣父子相保也，愿献九鼎，不识大国何涂②之从而致之齐？”齐王曰：“寡人将寄径③于梁④。”

注释

①赖：依赖，仰仗。②涂：通“途”，取道于。③寄径：借道。④梁：梁国，魏国的别称。魏国在战国时的都城是大梁，所以经常用梁来作魏的代称。

译文

齐王将向周君索要九鼎，周君又为这件事担忧。颜率说：“大王不必担心，请允许臣东去齐国解决这件事。”颜率来到齐

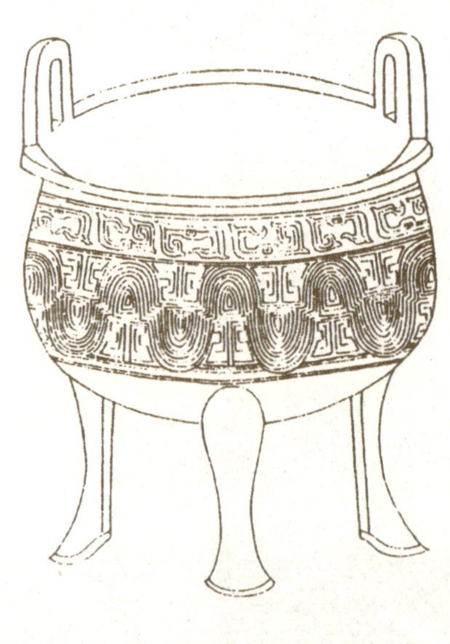

周太公鼎

鼎是中国古代重要的礼器，是政权的重要象征。而秦欲称帝，故发兵东周，索要九鼎。

国，对齐王说：『这回东周仰赖贵国的义举，才使我君臣父子得以平安无事，因此心甘情愿把九鼎献给大王，但是却不知贵国要经由哪条路把九鼎运来齐国？』齐王说：『寡人准备借道魏国。』

原文

颜率曰：『不可。夫梁之君臣欲得九鼎，谋之晖台[①]之下，少海[②]之上，其日久矣。鼎入梁，必不出。』齐王曰：『寡人将寄径于楚。』对曰：『不可，楚之君臣欲得九鼎，谋之于叶庭[③]之中，其日久矣。若入楚，鼎必不出。』王曰：『寡人终何涂之从而致之齐？』

注释

①晖台：魏国台名，在今河南开封。②少海：地名，位于今河南开封以北。③叶庭：地名，位于今河南叶县。

译文

颜率说：『不可以借道魏国，因为魏国君臣很早就想得到九鼎，他们在晖台和少海一带谋划这件事情已很长时间了。所以九鼎一旦进入魏国，必然很难再出来。』于是齐王又说：『那么寡人就借道楚国。』颜率回答说：『这也行不通，因为楚国君臣为了得到九鼎，很早就在叶庭进行谋划。假如九鼎进入楚国，也绝对不会再运出来。』齐王说：『那么寡人究竟要从什么地方才能把九鼎运到齐国呢？』

原文

颜率曰：『弊邑固窃为大王患之。夫鼎者，非效醯壶酱甀[①]耳，可怀挟提挈以至齐者；非效鸟集乌飞，

兔兴马逝，漓然②止于齐者。昔周之伐殷，得九鼎，凡一鼎而九万人挽之，九九八十一万人，士卒师徒，器械被具，所以备者称此。今大王纵有其人，何涂之从而出？臣窃为大王私忧之。』

注释

①醯：醋。甀：小口的坛子。②漓然：水急流的样子。

译文

颜率说：『我东周君臣也在私下为大王这件事考虑。因为所谓九鼎，并非像醋瓶子或酱油罐子一类的东西，提着掖着就可以拿到齐国；也不像雀鸟落、乌鸦飞、兔子跳、马儿跑那样可以畅通无阻地到达齐国。当初周武王伐殷纣王获得九鼎之后，为了拉运一鼎而动用九万人，九九共八十一万人，此外还要准备相应的搬运工具和被服粮饷等物资。如今大王即使有这些人力和物力，也不知道从哪条路把九鼎运来齐国。所以臣一直在私下为大王担忧。』

原文

齐王曰：『子之数①来者，犹无与耳。』颜率曰：『不敢欺大国，疾定②所从出，弊邑迁鼎以待命。』齐王乃止。

注释

①数：屡次，多次。②定：决定。

译文

齐王说：『贤卿屡次来我齐国，说来说去还是不想把九鼎给寡人！』颜率赶紧解释说：『臣怎敢欺

骗贵国呢，只要大王能赶快决定从哪条路搬运，我东周君臣恭候命令，随时准备迁移九鼎。』于是齐王打消了获取九鼎的念头。

秦攻宜阳

原文

秦攻宜阳①，周君谓赵累②曰：『子以为何如？』对曰：『宜阳必拔③也。』君曰：『宜阳城方④八里，材士⑤十万，粟支数年，公仲⑥之军二十万，景翠⑦以楚之众临山而救之，秦必无功。』对⑧曰：『甘茂⑨，羁旅也，攻宜阳而有功，则周公旦⑩也；无功，则削迹于秦。秦王⑪不听群臣父兄⑫之义，而攻宜阳，宜阳不拔，秦王耻之。臣故曰「拔」。』

注释

①秦攻宜阳：指周赧王七年（前308），秦武王派甘茂出兵宜阳。宜阳，韩地，位于河南洛阳西南，具有重要的战略位置。②赵累：周的大臣。③拔：攻陷，攻破。④方：方圆。⑤材士：材同才，指英勇善战、训练有素的兵士。⑥公仲：指韩相国。⑦景翠：楚国之将。⑧对：地位低下的人对尊贵的人，年少对

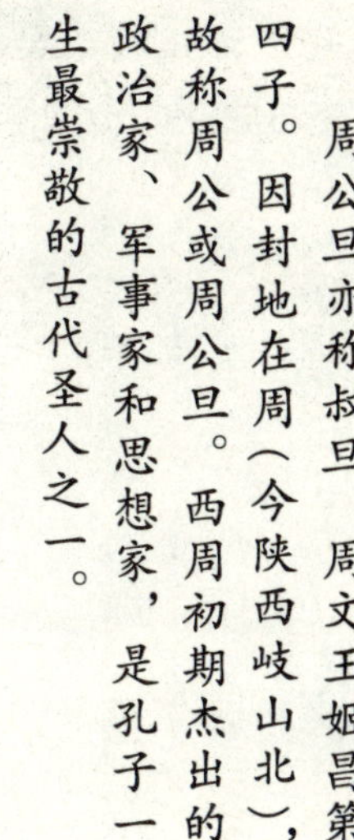

周公旦 周公旦亦称叔旦，周文王姬昌第四子。因封地在周（今陕西岐山北），故称周公或周公旦。西周初期杰出的政治家、军事家和思想家，是孔子一生最崇敬的古代圣人之一。

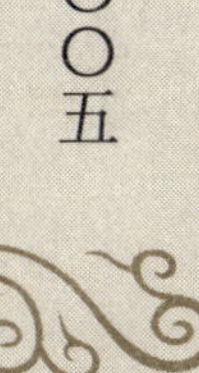

年长的人的回话称为『对』。⑨甘茂：秦国的左丞相，楚国下蔡人。⑩周公旦：周文王之子，周武王之弟。曾辅佐武王克商，周武王死后又辅佐文王之子周成王。⑪秦王：秦武王，名荡。⑫群臣父兄：指秦国显贵之臣中反对甘茂的一些人。

译文

秦国攻打韩国的宜阳，周赧王对大臣赵累说：『你认为事情的结果会怎么样呢？』赵累回答说：『宜阳必然会被秦国所攻破』。赧王说：『宜阳城八里见方，城内骁勇善战的兵士就有十万，粮食也可以支用好几年；在宜阳城附近还有韩相国公仲的军队二十万，再加上楚国大将景翠率领的兵士，临山扎寨，相机进行援救，秦国肯定不会成功。』赵累回答说：『秦将甘茂是寄居秦国的客将，如果攻打宜阳有功，就成了秦国的周公旦；如果攻打无功，就将在秦削除官职。秦武王不听从群臣父兄的意见，执意要攻打宜阳，如果宜阳攻不下来，秦武王就会以此为耻辱。所以我说宜阳一定能够攻打下来。』

原文

君曰：『子为寡人谋，且①奈何？』对曰：『君谓景翠曰：「公爵为执圭②，官为柱国③，战而胜，则无加焉矣；不胜，则死。不如背秦。援宜阳，公进兵，秦恐公之乘其弊④也，必以宝事公。公仲慕公之为己乘秦也，亦必尽其宝。」』秦拔宜阳，景翠果进兵。秦惧，遽效煮枣⑤，韩氏果亦效重宝。景翠得城于秦，受宝于韩，而德⑥东周。

注释

①且：将。②执圭：指执玉圭上朝朝见君主，是一种高级爵位的象征。圭，上圆下方的玉。③柱

国：楚官名，指最高的武官。④弊：疲弊。⑤煮枣：今位于山东菏泽西南。⑥德：使……感激，名词作动词，使动用法。

译文

赧王说：『那你替我谋划一下，将要怎么办？』赵累回答说：『请君王对景翠说：「你的爵位是执圭，官职已经是上柱国了，即使在战争中打了胜仗也已经不可能再升了；如果没有取胜，就必然会死。不如背离秦国，援救宜阳。只要你进攻出兵，秦就会害怕你乘秦军疲弊之机去攻打他，他必定会拿出宝物送给你，公仲也会敬慕你乘虚攻打秦国从而使宜阳解围，必定也会拿出所有的宝物送给你。」』秦军攻陷宜阳以后，景翠果然听取周赧王的建议发兵攻秦。秦恐惧，赶紧把煮枣之地献出来，韩果然也献出贵重的宝物。景翠不但从秦获得了城池，从韩获得了宝物，并且有恩于东周。

东周与西周战

原文

东周与西周战，韩救西周。为①东周谓韩王曰：『西周者，故天子之国也，多名器重宝②。案③兵而勿出，可以德④东周，西周之宝可尽矣。』

注释

①为：介词，替，对。前面省略了主语（有人）。②名器重宝：名贵的器物和珍宝。③案：通假字，通『按』。④德：使动用法，使……感激。

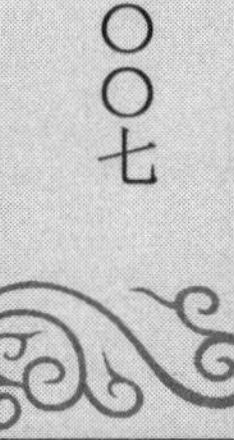

译文

东周与西周发生了战争，韩国打算去救助西周。有人便对韩王说道：『西周是过去天子的国都，有很多名贵的器物和贵重的宝物，如果我们按兵不动，不去救助西周，既可以使东周感激您的恩德，并且西周的宝物也可以全部归您所有了。』

东周与西周争

原文

东周与西周争，西周欲和①于楚、韩。齐明谓东周君曰：『臣恐西周之②与③楚、韩宝，令之为己求地于东周也。不若④谓楚、韩曰：「西周之欲入宝，持二端⑤。今东周之兵不急⑥西周，西周之宝不入楚、韩。」楚、韩欲得宝，即且趣⑦我攻西周。西周宝出，是我为楚、韩取宝以德⑧之也，西周弱⑨矣。』

注释

①和：联合。②之：助词，无实义，取消句子独立性。③与：给。④不若：不如。⑤持二端：形容摇把不定，犹豫不决。⑥急：加紧、加急（逼迫），形容词做动词。⑦趣：通假字，通『促』，催促。⑧德：恩德，动词。⑨弱：削弱。

译文

东周和西周发生了战争冲突，西周想联合起楚韩两国。东周的大臣齐明对东周的国君说道：『我

担心西周会向楚、韩两国进献宝物，以便让楚、韩两国为他自己向东周索求领土。那样的话，还不如您派人去告诉楚、韩两国：「西周想向你们进献宝物，但却抱有投机的心态。如果东周不加紧进攻西周的话，西周便不会对楚、韩两国进献宝物。」楚、韩两国如果想要得到宝物，就必定要促使我们东周尽快去攻打西周。西周对楚、韩两国进献了宝物，那也是我们东周在为楚、韩两国争取到的宝物，我们东周就是有恩于韩、楚两国了，那样的话西周同时也就削弱了。」

稻

稻是人类重要的粮食作物之一，我国栽种水稻的历史可以上溯到七千年前的河姆渡文化时期。战国时，水稻已经是我国的重要农作物了。

东周欲为稻

原文

东周欲为①稻，西周不下水②，东周患之。苏子③谓东周君曰：「臣请使西周下水可乎？」乃往见西周之君曰：「君之谋过矣！今不下水，所以富东周也。今其民皆种麦，无他种矣。君若欲害之，不若一为下水，以病其所种。下水，东周必复种稻；种稻而复夺之。若是，则东周之民可令一仰④西周而受命于君矣。」西周君曰：「善。」遂下水。苏子亦得两国之金也。

注释

①为：动词，种植。②下水：指往下流水。西周居于河流的上游，东周居于西周的下游。③苏子：即苏代。④一仰：都仰仗。一，都，一切。仰，"有望于上则仰"，指仰仗、依靠。

译文

东周想要种水稻，西周不往下放水，东周为此而忧虑。苏子对东周君说："请让臣到西周去让西周放水，好吗？"于是他去面见西周国君，道："君王您的谋略错了。现在您不放水，那正是要东周富裕。他们现在都种麦子，没有其他农作物。如果君王您想要害他们，不如给他们放水以破坏他们的庄稼。一旦放水，东周必然会改种稻子，种了稻子以后，您再断他的水。如果这样，就可以使东周的百姓完全依赖仰仗西周而听命于君王您了。"西周君说："好。"于是放水。苏子也得到了两国的赏金。

昭献在阳翟

原文

昭献[1]在阳翟[2]，周君将令[3]相国往，相国将不欲。苏厉为之谓周君曰："楚王与魏王遇[4]也，主君[5]令陈封之楚，令向公之魏。楚、韩之遇也，主君令许公之楚，令向公之韩。今昭献非人主也，而主君令相国往；若其[6]王在阳翟，主君将令谁往？"周君曰："善。"乃止其行。

注释

①昭献：楚国的相国。②阳翟：韩国的封地，在今天的河南禹县。③令：命令，下令。④遇：会面。⑤主君：即周君。⑥其：代词，代指楚国。

译文

楚国的相国昭献到了阳翟，东周的国君想派自己国家的相国前去拜见。相国不愿意去。苏厉便代他向周君说道：『以前楚王和魏王会面的时候，主君您派陈封前往楚国拜见，派向公前往魏国拜见。楚国和韩国会面的时候，主君您派叶公前往楚国拜见，派向公前往韩国去拜见。现在昭献并非是君主，您却让相国前去拜见，如果他们的国君在阳翟的话，您将要派谁去拜见呢？』周君说：『你说的很对。』于是便不让相国前往了。

秦假道于周以伐韩

原文

秦假道①于周以伐韩，周恐假之而恶于韩②，不假而恶于秦。史黡③谓周君曰：『君何不令人谓韩公叔④曰：「秦敢绝塞⑤而伐韩者，信东周也。公何不与周地，发重使⑥使之楚，秦必疑⑦，不信周，是韩不伐⑧也。」又谓秦王⑨曰：「韩强⑩与周地，将以疑周于秦，寡人不敢弗受。」秦必无辞而令周弗受。是得地于韩，而听于秦也。』

注释

①假道：借道，借路。②恶于韩：被韩所憎恨。恶，憎恨。③史黡：韩国史官。④韩公叔：韩氏公族。⑤绝塞：横越边境的险塞。⑥重使：地位重要的使者，往往指以重臣或公子为使者。⑦秦必疑：秦国必定怀疑。秦国与楚国争霸，周国的使者赴楚，秦必定怀疑，故不敢再借路。⑧韩不伐：指韩国不受秦国的征伐。⑨秦王：秦武王。⑩强：竭力，想尽一切办法。

译文

秦国想要向东周借路以攻打韩国，东周国君担心如果借道给秦国，会被韩国所憎恨；如果不借道，又怕为秦国所怨恨。史黡对东周君说：『您为什么不派人对韩公叔说：「秦国之所以敢于向东周借道以攻打韩国，是因为相信东周。您为何不送给东周土地，派身份地位重要的使者到楚国？这样一来秦国肯定会怀疑楚国，不相信东周，韩国就不会再受到秦国的征伐了。」您再派人对秦王说：「韩国竭力要把土地送给我们东周，以使秦怀疑东周，我们国君不敢不接受韩国的赠地。」秦王必定找不到借口不让东周接受韩国的土地。这样的话，东周既可以得到韩国的土地，又顺从了秦国。』

楚攻雍氏

原文

楚攻雍氏①，周粻②秦、韩。楚王怒③周，周之君患④之。为⑤周谓楚王曰：『以王之强而怒周，周恐⑥，必以国合⑦于所与粟之国⑧，则是劲⑨王之敌也。故王不如速解周恐，彼前得罪而后得解⑩，

必厚⑪事王矣。」

注释

①雍氏：韩国的封地。②粮：粮米，此处活用为动词，供给粮米。当时秦王派兵救助韩国，东周也将粮米救济给秦、韩。③怒：怨恨。④患：担心，忧虑。⑤为：介词，替，给，前面省略了主语（有人）。⑥恐：担心、害怕。⑦合：联合。⑧所与粟之国：代指秦国和韩国。⑨劲：使……强大。形容词使动用法。⑩解：谅解。⑪厚：优厚，这里是指恭敬、感激。

译文

楚国派兵围攻了韩国的封地雍氏。因为东周以前曾经将粮食供给了秦韩两国，所以楚王怨恨上了东周，为此东周的国君非常忧虑。有人便对楚王说道：「以大王您的国力之强大竟对东周发怒，东周必定为此感到害怕，一定会将把他自己国家的全部力量连同他供给粮食的国家（即秦韩两国）联合起来，这样一来，正是增强敌人的力量，所以大王您不如赶紧消除周君的恐慌。东周之前得罪了大王您，之后又得到您的谅解，一定必定会将恭敬地侍奉于您。」

周最谓石礼

周最①谓石礼②曰：「子何不以秦攻齐？臣请令齐相子，子以齐事秦，必无处③矣。子因令周最居魏以共④之，是天下制⑤于子也。子东重⑥于齐，西贵⑦于秦，秦、齐合⑧，则子常重矣。」

注释

①周最：周国的一位公子。②石礼：应当为吕礼，此时魏冉担任秦国的相国，想要杀掉吕礼，石礼逃亡前去魏国，经过东周，遇到周最。③处：应作『虑』。忧虑，后患。④共：供奉。⑤制：控制。⑥重：尊重，为……所尊重。⑦贵：显贵。⑧合：联合。

译文

周最对石礼说道：『您为何不利用秦国去攻打齐国呢？请允许我前去游说齐王让您担任相国，然后您再利用齐国去侍奉秦国，那样的话，你肯定就不会有后患了。您可以帮我前往魏国做官而后一同侍奉秦国，这样的话，天下的诸侯就全部都控制在您手中了。在东方您会为齐国上下所敬重，在西方您又将显贵于秦国，如果秦齐两国再联合起来的话，那您就将永远为人所敬重了。』

周相吕仓见客于周君

原文

周相吕仓见①客于周君。前相工师藉恐客之伤②已也，因令人谓周君曰：『客者，辩士③也，然而所以④不可者，好毁⑤人。』

注释

①见：通『荐』，推荐，荐举。②伤：诽谤，诋伤。③辩士：能言善变的智士。④所以：……的原因。⑤毁：诽谤、毁谤。

译文

东周的相国吕仓引荐了一位智士给周君，东周的前任相国工师藕担心这个人会诽谤自己，因此便找人对周君说道：『来客虽然是个能言善辩的智士，但他却不能受到任用，原因就在于这个人喜欢毁谤他人。』

周文君免士工师藉

原文

周文君免士工师藉，相[①]吕仓，国人不说[②]也。君有闵闵[③]之心。谓周文君曰：『国必有诽誉[④]，忠臣令诽在已，誉在上[⑤]。宋君夺民时[⑥]以为台[⑦]，而民非[⑧]之；无忠臣以掩盖[⑨]之也。子罕释[⑩]相为司空，民非子罕而善[⑪]其君。

注释

①相：任命……为相，动词。②说：通『悦』，高兴。③闵闵：担忧、忧虑的样子。④诽誉：诽谤和赞誉。⑤上：即君主。⑥民时：百姓耕作的时间。⑦以为台：去建造台阁。⑧非：非议。⑨掩盖：指为君王掩饰、代君王受过。⑩释：辞去。⑪善：赞美。

译文

周文君免去了工师籍的职位，任用吕仓为相国，而周国的民众对吕仓却都表现出不满意。为此周文君感到非常忧虑。此时吕仓的说客向周文君说道：『国家每施行一件事，必然是反应不一，有

毁谤也有赞誉，忠臣会将毁谤都放在自己身上承受，而将赞美都归之于君王。宋国的君王强行征占百姓耕作的时间去修建供自己游乐的台阁，因此遭到了老百姓强烈的非议，这主要是因为没有忠臣替他受过。而那个代他受过的大忠臣子罕辞去了相位改任为司空，百姓便开始非议子罕，而赞美其国君。

原文

齐桓公宫中七市[①]，女闾[②]七百，国人非之；管仲故为三归之家[③]，以掩桓公，非自伤于民也。《春秋》记臣弑君者以百数，皆大臣见[④]誉者也。故大臣得誉，非国家之美也。故「众庶成强，增积成山。」周君遂不免[⑤]。

注释

①市：市场。②女闾：妓院。③三归之家：这里指的是，管仲在家里修建了一座台阁，名之为『三归』。④见：被。⑤不免：没有免去（吕仓的相国职位）。

译文

齐桓公在自己的宫中，一共建造了七个市场和七百个妓院，齐国人为此都非议他，于是齐国的相国管仲就故意在自己家中修筑了一座台阁，并将之命名为『三归台』，目的就是替桓公掩饰过失，而并非自己故意去伤害民心。《春秋》一书中所记载的臣子杀死君主的事件可以以百数来计算，而他们却都是倍受赞誉的大臣。因此说，大臣享有盛名却并非是国家的福气呀。因此常言说，「众多成强，增高成山」。』听了这些话，周文君便没有免去吕仓相国之职。

温人之周

原文

温人[①]之[②]周，周不纳[③]。问曰：『客耶？』对曰：『主人也。』问其巷[④]而不知也，吏因囚之。君使人问之曰：『子非周人，而自谓非客，何也？』对曰：『臣少而诵《诗》，《诗》曰：「普天之下，莫非王土；率土之滨，莫非王臣。」今周君天下，则我天子之臣，而又为客哉？故曰「主人」。』君乃使吏出[⑤]之。

注释

①温人：温地之人，原属于魏国。②之：动词，到。③不纳：不允许其入境。④巷：即温人的住处。⑤出：释放。

译文

魏国温城有一个人前去东周，周人不允许他入境，问他道：『你是客人吧？』温人回答说：『我是主人。』周人询问他所在的住处，他却说不出来，于是官吏就将他拘留囚禁了起来。周君派人问他说：『既然你不是周人，自己却又称自己不是客人，这是什么缘故呢？』温人回答道：『臣自幼便诵读《诗经》，《诗经》中说道：「普天之下，莫非王土；率土之滨，莫非王臣」。现在既然周王已经君临天下，那么我便是天子的臣民，又如何可以说我是客人呢？因此我便说我是「主人」。』周君听了以后，便命令吏使将这个人释放了。

或为周最谓金投

原文

或[1]为周最谓金投[2]曰："秦以周最之齐疑天下[3]，而又知赵之难子[4]齐人战，恐齐韩之合[5]，必先合于秦。秦、齐合，则公之国虚[6]矣。公不若救齐，因佐秦而伐韩、魏，上党长子[7]赵之有已。公东收宝于秦，南取地于韩，魏因以因[8]，徐为之东，则有合[9]矣。"

注释

①或：有人。②金投：赵国大臣。当时燕、赵、秦、魏、韩准备伐齐。③秦以周最之齐疑天下：这里指的是，周最曾经仕于秦，秦王派他前往齐国，导致天下诸侯怀疑秦齐两国已经联合在一起了。④子：应为"予"，通"与"。⑤合：联合。⑥虚：通"墟"，废墟。一说国中无人为虚。⑦上党长子：指韩国上党的长子。⑧因：应为"困"。⑨有合：即是指齐赵之联合。当时周最正在齐国担任相国，担心赵国会攻打齐国。

译文

有人替周最对金投说："秦国派遣周最到齐国去，目的就是让天下诸侯怀疑惧怕秦国齐国联合，而且秦国又知道赵国的实力难以和齐国抗衡，恐怕在齐韩联合之前，齐国必定会先和秦国联合。如果齐国和秦国联合在一起的话，您的国家赵国就要面临化为废墟的危险了。以我之见，您不如前去帮助齐国，然后再帮助秦国去征讨韩魏。那样的话，上党的长子就可以归于赵国所有了。在东边您可以获得秦国送来的宝物，在南边您又能取得韩国的土地，而魏国将因此而陷入困境，再渐渐地向东扩张，那样的话，齐国就只有求和一条路可以走了。』

周最谓金投

原文

周最谓金投曰：『公负①令②秦与强齐战。战胜，秦且收齐而封之，使无多割③，而听④天下；之战不胜，国大伤，不得不听秦。秦尽韩、魏之上党，太原西止秦之有已。秦地天下之半也，制齐、楚、三晋之命⑤，复⑥国且身危，是何计之道也。』

注释

①负：仗恃，依仗。②令：应为『合』，联合。③使无多割：这里指的是，秦国让齐国不要多割让土地，而这将引发齐国和其他诸侯国之间的争战。即指秦国想要消灭齐国，并且破坏赵国的计谋。④听：听任。⑤命：命脉。⑥复：通『覆』，覆灭。

译文

周最对金投说道：『您依仗联合了秦国便和强大的齐国作战。如果你们打赢了，秦国将会收服齐国并且封锁齐国的领地，让齐国不得多割让边城之地，而这样以来，必将引起齐国和其他国家之间的战争，而秦国则会听凭天下的诸侯国互相打疲劳战；如果你们无法得胜，那赵国的国力就将大为损伤，从而不得不听命於秦国。如果秦国全部占领了韩魏的上党以及赵国的太原，西边的土地就会全部归秦国占有了。现在秦国的土地已经占了天下土地的一半，如果他再控制了齐、楚以及韩、赵、

魏的命脉，那样一来，不但国家覆灭，您自己也将自身难保，请问您这用的是什么计谋呀？」

石行秦谓大梁造

石行秦①谓大梁造②曰：「欲决霸王之名，不如备③两周辩知之士。」谓周君曰：「君不如令辩知之士为君争于秦。」

注释

①石行秦：石行，官名，秦是名字。②大梁造：官名，军队的最高首领。③备：谨慎对待。

译文

石行秦对大梁造说道：「如果您想要造成霸主的名声，倒不如谨慎地对待两周那些有辩才和智谋的人。」石行秦又对周君说道：「您不如让那些有辩才和智谋的人去为您争取尊贵的地位。」

谓薛公

谓薛公曰①：「周最于齐王②也而逐之，听祝弗、相吕礼者③，欲取秦；秦、齐合，弗与礼重④矣。有周齐，秦必轻⑤君。君弗如急北兵⑥趋赵以秦、魏，收周最以为后行⑦，且反⑧齐王之信⑨，又禁天下之率⑩。齐无秦，天下果⑪，弗必走，齐王谁与为⑫其国？」

注释

①谓薛公曰：这里指的是，齐缗王听从了祝弗的建议，任命吕礼为相国。谓者当为苏代，根据《史记》记载，吕礼相齐，欲困苏代，苏代便对薛公说了这番话。薛公，即田文，孟尝君。薛是其封地。②齐王：按照《史记》记载，「王」后面应该有『厚』字，指周最对齐国有功劳。③者：……的缘故。④弗与礼重：意思是说，秦齐联合以后，祝弗和吕礼必将得以重用，但是薛公则将遭受冷落。⑤轻：轻视、看轻。⑥兵：用兵。⑦以为后行：『为』字应为衍入（即多出的字），『后』当为『厚』，厚行，增强力量。⑧反：挽回。⑨信：信誉。⑩率：应为『变』。⑪果：应为『集』，意思是指兵祸集于齐。⑫为：治理。

译文

有人对薛公孟尝君说道：『周最对于齐国而言是有功劳的，但是却遭到齐王的驱逐，这是因为齐王听取了祝弗的建议任命吕礼为相国的缘故，并且想要争取到秦国的帮助。一旦秦国齐国联合起来，祝弗和吕礼必定会受到重用。而吕礼有了周国与齐国的支持，秦王必将看轻您。您不如赶紧向北进军，以便促使赵国与秦国魏国讲和，然后再任用周最，以增强您自己的力量，这样的话，还能够挽回齐王的信誉，并且可以禁止天下政情发生变化。如果齐国失去了秦国的帮助，天下诸侯的矛头便会全都对准齐国，到时候祝劳一定会逃走，而齐王又能任用谁去治理国家呢？』

齐听祝弗

原文

齐听祝弗外[①]周最。谓齐王曰：『逐周最、听祝弗、相吕礼者，欲深[②]取秦也。秦得天下，则伐齐深矣；夫齐合则赵恐伐，故急兵以示秦。秦以赵攻，与之齐伐赵，其实同理[③]，必不处[④]矣。故用祝弗，即天下之理也。』

注释

①外：排挤、排外。②深：当为衍文（多出来的字）。③同理：同样的目的。④处：安稳。

译文

齐缗王最终还是听信了祝弗的话，而排挤了周最。那个人又对缗王说道：『之所以驱逐周最、听从祝弗、任命吕礼为相国，其目的都是为了想要争取到秦国的邦交。一旦齐国和秦国交好，秦国便可以得到天下诸侯的信服，那样的话，齐国将会受到沉重的打击。另外，齐秦联合的话，赵国必定会害怕秦国，必将会迅速攻打齐国以便向秦国示威。秦国利用赵国去攻打齐国，与其驱使齐国攻打赵国，其实都是出于同样的目的，这样的话，齐国必将没有安稳的时候了。因此可以说，任用祝弗为相的话，天下诸侯便都将归服于秦国。』

苏厉为周最谓苏秦

原文

苏厉为周最谓苏秦曰：『君不如令王听最以地合①于魏，赵故必怒②，合于齐。是君以合齐与强楚，事产于君，若欲因③最之事，则合齐者，君也；割地者，最也。』

注释

①合：联合、结盟。②怒：当为『恐』，害怕。③因：借助。

译文

苏厉替周最对他的哥哥苏秦说道：『您不如让齐王允许周最割让齐地，用以和魏国结盟，赵国一定会惧怕齐、魏两国联合起来攻赵，那他就会和齐国结盟。这样以来，您就可以利用联合起来的齐国和强楚抗衡。这件事是出于您的倡导，如果可以再借助周最之力，就可以让齐国得以保全，不受他国侵扰，这个功劳将归之于您；而割地的责任，却将归之于周最的过失。』

谓周最曰仇赫之相宋

原文

谓周最曰：『仇赫之相①宋，将以观秦之应赵、宋败三国②。三国不败，将兴赵、宋合于东方以孤③秦，亦将观韩、魏之于齐也；不固④，则将与宋败三国，则卖⑤赵、宋于三国。公何不令人谓韩、魏之王曰：「欲秦、赵之相卖乎？何不合周最兼相⑥，视⑦之不可离，则秦、赵必相卖以合于王也。」』

注释

①相：担任相国，动词。②三国：指韩、魏、赵三国。③孤：使……孤立。④固：关系稳固。⑤卖：利用。⑥兼相：兼任（韩、魏）相国。⑦视：通『示』，表示。

译文

有人对周最说道：『赵臣仇赫担任了宋国的相国，是要看秦国是否能够与赵、宋两国联合起来一同击败韩、魏、齐三国。如果韩、赵、魏三国没有备击败，他将让赵、宋两国和韩、魏、齐三国联合起来，以此去孤立秦国，同时，他也要审夺韩、魏两国和齐国的关系；如果这三国关系不稳固，他就会让赵、宋两国和秦国联合起来去攻伐韩、赵、魏三国，并且他仅仅是利用赵、宋两国去引诱三国而已。您何不派人去告诉韩、魏两国的国君：「如果想要让秦、赵两国互相利用的话，最好任命周最同时兼任韩国、魏国两国的相国，以此表示两国的关系牢不可破，这样的话，秦、赵两国必将互相利用，并且竞相和韩、魏两国联合。」』

为周最谓魏王

原文

为周最谓魏王曰：『秦知赵之难[①]与齐战也，将恐齐、赵之合[②]也，必阴劲[③]之。赵不敢战，恐秦不已收[④]也，先合于齐。秦、赵争齐，而王无人焉，不可。王不去周最，合与收齐。而以兵之急，则伐齐无因[⑤]事也。』

注释

①难：害怕。②合：结盟。③阴劲：暗地里帮忙使其强大。④不已收：即不收己，意思是说违背帮助自己的诺言。⑤因：方便、顺当。

译文

有人替周最对魏王说道：『秦国知道赵国害怕与齐国打仗，同时它又害怕赵、齐两国会结成联盟，因此必定会暗地里帮助赵国并增强其力量，促使它与齐国作战。但赵国不敢与齐国交战，因为他担心秦国并非是真心地和自己国家结为联盟，而是先与齐国联合。秦、赵两国都想争取齐国与自己结为联盟，这样以来，大王您便将失去同盟国，这是行不通的。大王为什么不派遣周最为赵国去联合齐国呢？而等到秦国紧急出兵来攻打齐国的时候，就没有那么顺当的事情了。』

谓周最曰魏王以国与先生

原文

谓周最曰：『魏以国与①先生，贵合于秦②以伐齐。薛公故主③，轻往其薛，不顾其先君之丘墓④，而公独修虚信为茂行⑤，明⑥群臣，据⑦故主，不与伐齐者产，以忿强秦，不可。公不如谓魏王、薛公曰：「请为王入齐，天下不能伤齐，而有变⑧，臣请为救之；无变，王遂伐之。且臣为齐奴⑨也，如累⑩王之交于天下，不可。王为臣赐⑪厚矣，臣入齐，则王亦无齐之累也。」』

注释

①与：给、托付。②贵合于秦：以合于秦为贵，意思是想要和秦国结成同盟。③故主：『故主』前应少了『叛』字。④先君之丘墓：指薛公孟尝君故去父亲的坟墓。⑤茂行：美好的德行。⑥明：表明。⑦据：依从。⑧变：变故。⑨齐奴：这里指的是周最做过齐国臣子这件事情。⑩累：连累。⑪赐：恩惠。

译文

有人对周最说道：『魏王将国事委托给先生您，就是想要联合秦国一同去讨伐齐国。薛公田文背叛了齐王，轻易地就将自己的封地忘记，而不管其死去父亲的坟墓，而您却独独标榜要靠近齐国，以之为美德，又向群臣表明自己不会欺负原来的君主，不会与秦国一起谋划攻打齐国，这些举措自然会引起强秦的愤恨，这是行不通的。不如您去告诉魏王、薛公：「请允许我代替大王前往齐国，天下诸侯不会伤害齐国。一旦发生变故，请让我为魏国去求助齐国；如果没有发生变故，只需等到秦国被孤立了，大王您就可以兴兵去讨伐它。并且，虽然我做过齐臣，如果耽误了大王在普天之下与各国交接的计划，那可是不行的。大王对我的恩惠如此之丰厚，只要我去了齐国，大王就再也不会有齐国的后患之忧了。」』

赵取周之祭地

原文

赵取周之祭地，周君患之，告于郑朝。郑朝曰：『君勿患也，臣请以三十金[1]复取之。』周君予之，郑朝献赵太卜，因告以祭地事。及[2]王病，使卜之。太卜谴[3]之曰：『周之祭地为祟[4]。』赵乃还之。

注释

①金：秦时的计量单位，一金即一镒。②及：等到。③谴：谴责、责备。④祟：作祟。

译文

赵国强行占用了东周的祭地，周君为此深感忧虑，将这件事告诉了臣子郑朝。郑朝说道：『大王您无需担忧，我保证用三十金将祭地再取回来。』周君便给了他三十金，郑朝将这三十金送给了赵国的太卜，并告诉他祭地的事。后来，等到赵王生病的时候，让太卜占卜以问病因，太卜占了卜以后，用责备的语气说道：『这都是周的祭地在作祟呀，』于是赵王便将祭地归还给了东周。

三国隘秦

原文

三国隘[1]秦，周令其相之[2]秦，以秦之轻[3]也，留[4]其行。有人谓相国曰：『秦之轻重未可知也。秦欲知三国[5]之情，公不如遂见秦王曰：「请谓王听东方之处[6]。」秦必重[7]公。是公重周，重周以取秦也。齐重，故有周而已取齐，是周常不失重国[8]之交也。』

注释

①隘：阻隘，不相往来，意思是阻绝、抗拒。②之：动词，到。③轻：轻慢。④留：延留。⑤三国：指赵、魏、楚三国。⑥听东方之处：听，探听，打探。处，行动、情况。⑦重：看重、重视。⑧重国：即强国。

译文

赵、魏、楚三国对秦国很抗拒，周室派相国前往秦国，相国因为担心秦国会轻慢自己，所以延留下来，没有去秦国。有人便对相国说：『秦国究竟会不会对您轻慢，还无法确定。秦国一定想要了解赵、魏、韩三国的动静，不如您现在就直接去会见秦王，向他表明：「让我替您去探听一下赵、魏、韩三国的行动吧。」这样的话，秦国必定会看重您，因此，您将也会让秦国看重周室所发挥的作用，一旦秦国重视了周室的作用，周便能够和秦国建立起友好的关系。齐国国力强大，因此周已经和齐国建立起了友好关系，这样以来，周就基本上不会失去和强国交好的机会了。』

昌他亡西周

原文

昌他[①]亡[②]西周，之东周，尽输[③]西周之情于东周。东周大喜，西周大怒。冯且曰：『臣能杀之。』君予金三十斤。冯且使人操金与书，间遗[④]昌他。书曰：『告昌他：事可成，勉成之；不可成，亟[⑤]亡来。事久且泄，自令身死。』因使人告东周之候[⑥]曰：『今夕有奸人当入者矣。』候得而献东周，东周立杀昌他。

注释

①昌他：一作宫他，西周的臣子。②亡：动词，逃走。③输：泄露。④间遗：间，间谍。遗，送给。⑤亟：立刻。⑥候：侦察敌情的人。

译文

昌他从西周逃走，到了东周，将西周的情报全都泄漏给了东周。东周的国君为此十分高兴，西周的国君为此非常恼怒。大臣冯且对西周的国君说道：『我可以杀掉昌他。』于是西周君就给了冯且三十斤金子。冯且派人拿着三十斤金和一封密信，让他去做间谍送给昌他。信上写道：『告诉昌他：如果事情能够办成，就尽力去办成；如果事情办不成的话，就立刻返回！一旦时间长了必定会泄漏，那就会就白白地去送死。』而后，冯且又派人装扮成告密者，告诉东周的边防侦察人员说：『今天晚上会有奸细进入到国境来。』侦察人员果然就捕获了那个前来送密信的人，搜出了那封信，将其交给东周国君，东周君立即下令杀了昌他。

昭翦与东周恶

原文

昭翦与东周恶①，或谓照翦曰：『为公画阴计②。』照翦曰：『何也？』『西周甚憎东周，尝欲东周与楚恶，西周必令贼贼③公，因④宣言东周也，以西周之与王也。』照翦曰：『善。吾又恐东周之贼己，而以轻西周恶之于楚。』遽⑤和⑥东周。

注释

①恶：交恶，关系不好。②阴计：这里是说妙计。③贼贼：第一个『贼』是名词，刺客。第二个『贼』为动词，刺杀。④因：却。⑤遽：立刻、马上。⑥和：和好。

译文

楚臣昭翦和东周的关系不好。有人对昭翦说道：『让我给您出一个妙计吧。』昭翦问：『是什么妙计呢！』那人回答说：『西周甚是憎恶东周，总想让东周和楚国的关系恶化。因此，西周必定会暗地里派刺客前来杀害您，却又宣扬这是东周派人干的，因为西周和楚王交好（因此楚王便不会怀疑西周）。』昭翦说：『的确是呀！但我又害怕东周会暗害自己，却又嫁祸于西周，以此让西周和楚国的关系恶化。』因此，他马上和东周和好了。

薛公以齐为韩魏攻楚

原文

薛公①以齐为韩、魏攻楚②，又与韩、魏攻秦③，而藉兵乞食④于西周。韩庆⑤为西周谓薛公曰：『君以齐为韩、魏攻楚，九年而取宛、叶⑥以北，以强韩、魏。今又攻秦以益之⑦，韩、魏南无楚忧，西无秦患，则地广而益重，齐必轻矣。夫本末更盛，虚实有时⑧，窃为君危之！君不如令弊邑阴⑨合于秦，而君无攻，又无藉兵乞食。君临⑩函谷⑪而无攻，令弊邑以君之情谓秦王⑫曰：「薛公必破秦以张⑬韩、魏。所以进兵者，欲王令楚割东国以与齐也。」秦王出楚王⑭以为和，君令弊邑以此忠秦，秦得无破，而以楚之东国自免也，必欲之。楚王出，必德齐，齐得东国而益强，而薛世世无患。秦不大弱，而处之三晋⑮之西，三晋必重齐。』薛公曰：『善。』因令韩庆入秦，而使三国无攻秦，而使不藉兵乞食于西周。

注释

①薛公：即孟尝君田文，齐威王曾封儿子田婴于薛地，后由田文袭封，所以称田文为薛公。②攻楚：是指周赧王十二年，齐、韩、魏三国以楚国违背约定为托词，联手攻打楚国。③攻秦：孟尝君曾在秦国为相，后受人谗言所诋毁而被囚，从秦国逃回齐国后又任齐国之相。攻秦是指周赧王十七年，孟尝君对秦心存怨恨，因此联合韩、魏攻打秦国。④藉兵乞食：借兵求粮。藉，通『借』。乞，乞求。⑤韩庆：西周的臣子。⑥宛、叶：均为地名。宛，位于今河南南阳一带。叶，位于今河南叶县

战国策

册一

南。⑦益之：指增强韩、魏的力量。益，增加，增强。⑧本末更盛，虚实有时：是指一切事物的发展，开端与结束是轮流交替而兴盛的；盈亏与消长也是有时间性的。⑨阴：私下，暗地里。⑩临：守卫。⑪函谷：秦关名，在今河南灵宝县北。⑫秦王：即指秦昭王，名稷。⑬张：扩大，强大。⑭出楚王：释放楚怀王。公元前299年，秦王约楚怀王相会，后怀王被秦王所扣。⑮三晋：赵、魏、韩原为晋国三家大夫，后来三家分割晋国，故称三晋。

译文

孟尝君薛公利用齐联合韩、魏攻打楚国，又与韩、魏联合攻打秦国，并且向西周借兵马与粮草。

韩庆替西周对薛公说：『薛公您利用齐军替韩、魏两国攻打楚国，九年的时间终于取得了宛、叶以北的地方，可却使得韩、魏两国得以强大。如果您这次再率军攻秦，韩、魏两国将会更快地强大。韩、魏两国南面不担忧楚国，西面又不担心秦国，于是土地将越来越大，国家越来越强，而齐必将受到轻视。您应该知道，事物的本末与虚实是轮流交替的，所以我私下替您感到不安。不如让我们西周暗中与秦联盟，您根本就不必向秦国发兵，也更不用借兵马粮草，您只需驻兵函谷关，不进攻秦，让我们西周把您的情况告诉秦王：「薛公之所以派兵攻打秦国，使韩、魏两国变得强大，是想让大王把楚国的东地献给齐国。」秦王必定会释放楚怀王以议和，然后您可以令西周以此而施惠于秦国。为了不被攻破，割楚国的东土以自免除战祸，秦王肯定会同意。楚怀王被释放，必定对齐国心存感激，齐国也可以得到东地而变得更加富强，而您的封地薛邑也将世世代代没有忧患了。秦国没有受到大的削弱，位于赵、魏、韩的西面，三晋必然会更加地重视齐国。』薛公回答说：『妙。』于是便派韩庆出使秦国，同时中止了三国攻打秦国的计划，也就不再向西周借兵马粮草了。

秦令樗里疾以车百乘入周

原文

秦令樗里疾①以车百乘入周②，周君迎之以卒，甚敬。楚王怒，让③周，以其重秦客。游腾④谓楚王曰：『昔智伯⑤欲伐厹由⑥，遗之大钟，载以广车，因随入以兵，厹由卒亡，无备故也。桓公⑦伐蔡也，号言⑧伐楚，其实袭⑨蔡。今秦者，虎狼之国也，兼有吞周之意，使樗里疾以车百乘入周，周君惧焉，以蔡、厹由戒之。故使长兵在前，强弩在后，名曰卫疾，而实囚之也。周君岂能无爱国哉？恐一日之亡国，而忧大王。』楚王乃悦。

注释

①樗里疾：秦惠王之弟，因生于樗里，名疾，故曰『樗里疾』，以足智多谋著称。②入周：周赧王八年，此时宜阳已经为秦国所攻破，因此樗里疾入周。③让：责备。④游腾：周国之臣。⑤智伯：晋国的公卿，即荀瑶。⑥厹由：地名，今在山西盂县东北。⑦桓公：齐桓公，名小白。⑧号言：声称、声言。⑨袭：古代交战前需先鸣钟击鼓，没有鸣钟击鼓直接开战为『袭』，即偷袭之意。

译文

秦国派樗里疾率百辆车马进入西周，西周的国君派百名士卒相迎接，非常重视和尊敬。楚王十分愤怒，责备周君过分重视秦国的使者。

游腾就对楚王解释道：『以前晋国智伯想要讨伐厹由，先赠送给厹由一口大钟，用大车装着这口大钟，不料士兵却尾随其后，厹由最终也被攻破了，这都是没有防备的缘故。齐桓公征伐蔡国时，表面声称攻打楚国实际上却讨伐蔡国。如今的秦国，是虎狼一样的国家，还有吞灭周朝的野心，派樗里疾率百辆战车进入西周，周君为此十分担心恐惧，心里深以蔡国和厹由的事情为警戒，所以派手持兵戈的士兵走在前面，手持强弩的士兵跟在后面，名义上是欢迎、保卫樗里疾，实际上却是围困他。周君怎么会不爱他自己的国家呢？唯恐一旦被灭对楚国不利，这是为了楚王您担忧啊。』楚王这才愉悦。

雍氏之役

原文

雍氏之役[①]，韩征甲[②]与粟于周，周君患之，告苏代[③]。苏代曰：『何患焉！代能为君令韩不征甲与粟于周，又能为君得高都[④]。』周君大悦，曰：『子苟能，寡人请以国听。』

前锋甲

甲胄是古代作战的必备物资。周王室在战国时期实际已沦为强大诸侯国的附庸，所以『韩征甲与粟于周』。

注释

①雍氏之役：雍氏，韩国地名，在今河南禹县东北。周赧王十五年，楚国再次出兵攻打韩国。②征甲：征兵。③苏代：说客苏秦之弟，亦有苏秦之兄的说法。④高都：韩国地名，在今洛阳西南。

译文

楚国再次攻打韩国的雍氏，韩国向东周征兵求粮，周君很担心它便告诉了苏代。苏代说：『有什么可担心的呢，苏代我可以替君王做到韩国不向东周征兵求粮，还能使您获得韩地高都。』周王非常高兴，说：『你果真能做到，我愿意把国家的大权交给你。』

原文

苏代遂往见韩相国公中[①]，曰：『公不闻楚计乎？昭应谓楚王[②]曰：「韩氏罢[③]于兵，仓廪[④]空，无以守城，吾收之以饥[⑤]，不过一月，必拔之。」今围雍氏五月，不能拔，是楚病也，楚王始不信昭应之计矣。今公乃征甲及粟于周，此告楚病也。昭应闻此，必劝楚王益兵守雍氏，雍氏必拔。』公中曰：『善。然吾使者已行矣。』代曰：『公何不以高都与周？』公中怒曰：『吾无征甲与粟于周亦已多矣。何为与高都？』代曰：『与之高都，则周必折[⑥]而入于韩，秦闻之，必大怒，而焚周之节[⑦]，不通其使。是公以弊[⑧]高都得完周也，何不与也？』公中曰：『善。』不征甲与粟于周而与高都，楚卒不拔雍氏而去。

注释

①公中：亦有写作『公仲』，韩相国公仲朋。②昭应谓楚王：昭应，楚国之将。楚王，此指楚怀王。③罢：指疲惫。④仓廪：古时储藏谷物之所称之为仓，储米之所称为廪。⑤收之以饥：趁韩国饥荒

之机夺取雍氏。⑥折：转过来。⑦焚周之节：烧掉周国的信物，表示与周国绝交。节，使臣所拿的信物。⑧弊：破败。

译文

苏代于是就去拜见韩相国公仲，对他说：『相国您没有听说楚国的计谋吗？楚将昭应对楚王说：「韩国军队已经很疲惫了，粮仓也已经空了，没有能力防守，我乘它缺粮的时候攻打，不足一月必定能攻下雍氏。」现在楚攻打雍氏城已经五个月了，还未能把它攻下，这就是楚国的困境，楚王已经开始不相信昭应的谋略了。现在您向周国征兵求粮，岂不是正是在楚国面前显示了自己的困境。昭应如果知道这件事，一定会劝楚王增加兵力围攻雍氏，雍氏则必定会被攻克。』公仲说：『很好。但是现在我派往东周国的使节已经出发了。』苏代说：『您怎么不把高都送给东周呢？』公仲听完之后十分生气地说：『我不向周国征兵求粮已经很不错了，为什么还要把高都送给他？』苏代回答说：『把高都送给东周，东周一定会转过来归顺韩国。秦王知道这件事后，必定会大发雷霆，把东周送过去的信物烧掉，与东周断绝使臣来往。这样您就能用一个小小的高都换来整个东周，又为什么不给它呢？』公仲说：『很好。』于是，韩国就不再向东周征兵求粮，并把高都送给了东周。楚国终于也没有攻下雍氏，只好退兵。

周君之秦

原文

周君之[1]秦。谓周最曰：『不如誉[2]秦王之孝也，因以应[3]为太后养地。秦王、太后必喜，是公有秦也。交善[4]，周君必以为公功；交恶[5]，劝周君入秦者必有罪矣。』

注释

①之：到。②誉：赞扬、赞美。③应：应邑。④交善：邦交关系友善。⑤交恶：邦交关系不好。

译文

西周君前往秦国。有人对其随从周最说道：『您不如赞美秦王对太后的孝心，并将应邑送给太后作修养之地。这样的话，秦王和太后肯定会非常高兴。这便是您对秦国友好的表示。如果周、秦两国的邦交关系友善的话，周君一定会认为是您的功劳；如果两国邦交关系不好的话，那么劝周君访秦的人必将有罪了。』

苏厉谓周君

原文

苏厉[1]谓周君曰：『败韩、魏，杀犀武[2]，攻赵，取蔺、离石、祁[3]者，皆白起[4]。是攻用兵，又有天命也。今攻梁，梁必破，破则周危，君不若止之。谓白起曰：「楚有养由基者[5]，善射，去柳叶者百步而射之，百发百中。左右皆曰『善』。有一人过曰：『善射，可教射也矣？』养由基曰：『人

皆善。子乃曰可教射，子何不代我射之也？』客曰：『我不能教子支左屈右⑥。夫射柳叶者，百发百中，而不已善息⑦，少焉气力倦，弓拨矢钩，一发不中，前功尽矣。』今公破韩、魏，杀犀武，而北攻赵，取蔺、离石、祁者，公也。公之功甚多。今公又以秦兵出塞⑧，过两周，践韩而以攻梁，一攻而不得，前功尽灭。公不若称病不出也。』

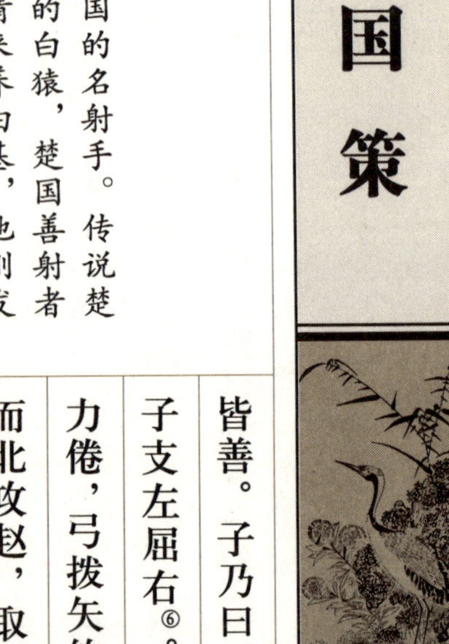

由基射猿

养由基是楚国的名射手。传说楚宫中曾有只灵巧的白猿，楚国善射者亦不能中。楚王请来养由基，他刚发出箭，猿便应声而倒。

注释

①苏厉：说客苏秦的弟弟。②犀武：为魏国的将领，死于伊阙之战。③蔺、离石、祁：皆为赵国的地名。它们分别位于今山西离石县西、离石县境内、祁县。④白起：秦国之将领，善于用兵，被加封为武安君。⑤养由基：善于射箭的楚国人。⑥支左屈右：即支出左臂，右臂弯曲（射箭）。⑦不已善息：不知道找机会休息。⑧塞：伊阙塞，位于今天的河南洛阳以南。

译文

游说之客苏厉对周国国君说：『打败韩国和魏国联合的军队，杀掉魏国伊阙之战的大将犀武，夺取赵国蔺、离石以及祁等地的人都是秦国之将白起。因为他善于用兵打仗，又有上天的帮助。如今他要攻打梁国，梁必会被攻破，如果梁国被攻破，西周就会有很大的危机了。国君您不如制止他。可派遣使者对白起说：「楚国有个叫养由基的人，善射箭，离柳叶百步远射箭，百发百中。在旁观看的人都称赞他箭术高超。有个从旁边路过的人却说：『射得挺好，可以教授人射箭吗？』养由基说：『别人都说我射得好，你却问我可以教授射箭吗？你怎么不替代我射箭呢？』那过路人又说：『我不能教人支出左臂，弯曲右臂拉弓射箭的方法。可是，即使你射柳叶的时候能百发百中，却不懂趁射得准确时休息一下，等到过会儿气力就会减弱，有些倦怠，弓箭歪斜，您一箭却不中，那岂不是功夫白费了吗！』如今击败韩魏两国，杀魏将犀武，北上攻打赵国，占领蔺、离石和祁等地的人都是您呀。您已立下如此之多的汗马功劳。现在又再次将领秦军出依阙塞，途经东周、西周，践踏韩国，进攻梁国，一旦进攻没能取胜，那就将前功尽弃！您最好还是告病，不要去攻打梁国了。」

楚兵在山南

原文

楚兵在山南，吾得①将为楚王属怒②于周。或谓周君曰：『不如令太子将③军正④迎吾得于境，而君自郊迎，令天下皆知君之重吾得也。因泄⑤之楚曰：「周君所以事吾得者器，必名曰谋楚。」王必求之，而吾得无效也，王必罪之。』

注释

①吾得：楚国大将的名字。②属怒：结怨。③将：率领，动词。④军正：军队的首领。⑤泄：宣扬、声称。

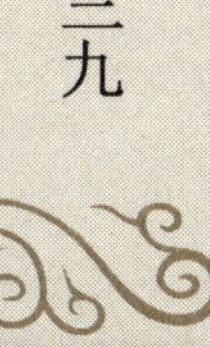

译文

楚国的军队已经到了伊阙山之南，楚国大将吾得为了让楚王与周君结怨，便前去周寻衅。有人对周君献计道：『您不如派太子率领军中所有的将领一同到边境去迎接吾得，然后您再亲自到郊外去欢迎他，让天下诸侯都知道君王您十分尊重吾得。并且宣布信息让楚国知道：「周君赠给吾得很贵重的东西，必定是对楚国有所图谋。」这样的话，楚王肯定会向吾得索取所得宝物，而吾得肯定拿不出来，楚王也就必定会因此而归罪于吾得。』

楚请道于二周之间

原文

楚请道于二周之间，以临[①]韩、魏，周君患之。苏秦谓周君曰：『除道[②]属[③]之于河，韩、魏必恶之；齐、秦恐楚之取九鼎也，必救韩、魏而攻楚。楚不能守方城[④]之外，安能道二周之间？若四国弗恶，君虽不欲与也，楚必将自取之矣。』

注释

①临：攻打，进攻。②除道：清理道路。③属：至，通达。④方城：楚国一山之名，今位于河南省叶县。

译文

楚国请求借道于东周、西周以便攻打韩、魏两国，周国国君因此而十分忧虑。苏秦就对周王说：

『君王您把道路清理一下一直通到黄河边，韩国与魏国肯定会更加憎恶楚军；而齐国与秦国因为害怕楚国夺取了周室九鼎，这两国肯定会出兵帮助韩、魏两国攻打楚国，楚国如果连自己方城以北的土地都守不住，又怎能通过东周、西周攻打韩、魏两国呢？如果韩、魏、齐、秦这四国不为此事而忧虑，即使您不同意，楚国也必然会夺取的。』

司寇布为周最谓周君

原文

司寇布[①]为周最谓周君曰：『君使人告齐王以周最不肯为太子也，臣为君不取[②]也。函冶氏为齐太公买良剑，公不知善，归[③]其剑而责之金。越人请买之千金，折[④]而不卖。将死，而属[⑤]其子曰：「必无独知。」今君之使最为太子，独知之契[⑥]也，天下未有信之者也。臣恐齐王之为君实[⑦]立果而让之于最，以嫁[⑧]之齐也。君为多巧，最为多诈。君何不买信货[⑨]哉？奉养无有爱于最也，使天下见之。』

注释

①司寇布：司寇，管理治安的最高官员。布，名字。②不取：不明智、不合适。③归：退回。④折：折价，指不够原价。⑤属：通『嘱』，嘱咐。⑥契：契约，约定。⑦实：真实意图。⑧嫁：这里是指假意送给。⑨信货：真实可信，也指事情的真相。

译文

司寇布为了周最的事向周君说道：『您派人将周最不肯作太子的事情告诉给齐王，臣下认为这

么做实在是不明智的。从前函冶氏为齐太公买了一把精良的宝剑，齐太公却没能看出宝剑的精良所在，而叫函冶氏将宝剑退掉并且向他索要购买宝剑所花的钱物。越国有一个人想出一千金购买这把剑，但依然抵不上宝剑的原价，函冶氏人便没有卖。在函冶氏将要去世之前，叮嘱自己的儿子说：「任何贵重的东西，绝对不能只让自己一个人知道它的价值。」现在君王想要立周最为太子，但只有周最自己知道此约定，天下人却都不相信这件事是真的。臣下唯恐齐王听了您的话后反倒以为您说的话是假的，认为您的真实意图是要立公子果为太子，只是用周最不肯作太子的谎话做借口来欺蒙齐国罢了。天下人便会觉得君王您是在卖弄权谋，而周最是在兴权诈之术，那么君王您何不让人们看到事情的真相呢？而且，在奉养父王方面，没有谁会比周最更为真诚钟爱的了，周最是应该被立为太子的，你应该把事情的真相昭告于天下。

秦召周君

原文

秦召①周君，周君难②往。或为周君谓魏王曰：『秦召周君，将以使攻魏之南阳③。王何不出④于河南。周君闻之，将以为辞⑤于秦而不往。周君不入秦，秦必不敢越⑥河而攻南阳。』

注释

①召：招徕，这里是邀请意。②难：害怕，担心。③将以使攻魏之南阳：使令句，省略了兼语『西周』，南阳，魏国的城池。④出：出兵。⑤以为辞：以之为辞，省略了『之』。⑥越：渡。

译文

秦君邀请西周君前往秦国，西周君有些害怕，不敢前去秦国，有人替西周君向魏王说道：『秦国邀请西周君，其目的就是想让西周去攻打魏国的南阳。君王您为什么不在黄河南岸发动军事演习呢，这样的话，周君听说此消息以后，就可以以魏国将进兵西周为借口，不用前去秦国了。只要西周君不去秦国，秦国必定会担忧西周将会断绝其后路，便也不敢擅自渡过黄河来攻打魏国的南阳了。』

犀武败于伊阙

犀武①败于伊阙，周君之魏求救，魏王以上党②之急辞之。周君反③，见梁囿而乐④之也。綦母恢⑤谓周君曰：『温囿不下此，而又近，臣能为君取之。』反见魏王，王曰：『周君怨寡人乎？』对曰：『不怨且谁怨王？臣为王有患也。周君谋主⑥也，而设以国为王捍⑦秦，而王无之捍也。臣见其必以国事秦也，秦悉塞外之兵，与周之众，以攻南阳，而两上党绝矣。』

注释

①犀武：魏国大将。②上党：魏地，今山西晋城等县。③反：通『返』，返回。④乐：喜爱。⑤綦毋恢：周国大臣。⑥谋主：诸侯的首领。⑦捍：捍卫、抵御。

秦国在伊阙打败了魏将犀武，接着又开始进攻西周。周赧王前往魏国请求支援，魏王却以上党

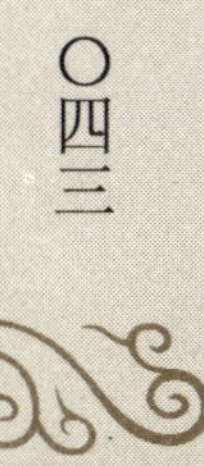

情势危急为借口予以拒绝。周赧王在返回周国的途中，看见了魏国的梁囿，非常喜爱。赧王的大臣綦毋恢便对赧王说：『魏国的温囿并不比梁囿逊色，而且又离周很近，臣下可以为君王您要过来。』于是，綦毋恢便返回魏国去见魏王。魏王问道：『周君怨恨寡人吗？』綦毋恢回答说：『他不怨恨您又怨恨谁呢？我认为君王您将招致祸患了。周君终究是天下诸侯的首领，西周又能够成为魏国的屏障，以抵御秦国的进攻，魏国却无法为西周防御秦国，在我看来，西周必将去讨好侍奉秦国，秦国如果发动伊阙塞外的兵力再加上西周的兵力，用来进攻魏国的南阳，那样的话，韩、魏两国的上党要道就全都会被断绝了。』

原文

魏王曰：『然则奈何？』綦母恢曰：『周君形①不小利②事秦，而好③小利。今王许戍④三万人，与温囿，周君得以为辞于父兄百姓，而利温囿以为乐，必不合于秦。臣尝闻温囿之利，岁八十金，周君得温囿，其以事王者，岁百二十金。是上党每⑤患而赢四十金。』魏王因使孟卯⑥致温囿于周君，而许之戍也。

注释

①形：形式。②不小利：应为『不利』，形势不好，小当为衍入。③好：贪图。④戍：包围边防，这里是指包围边防的人。⑤每：应为『没』，没有。⑥孟卯：齐人，即芒卯。

译文

魏王说：『那应该怎么办呢？』綦毋恢说：『从形势上看，赧王是不善于讨好秦国的，而是很贪小利。如果君王您答应派三万人去帮助西周驻守边境，并将温囿送给赧王，这样一来，赧王既可以对宗室贵族、朝廷百官有所交代，同时又让其喜爱温囿游乐的私心得以满足，他就肯定不会去和秦国联合了。我听说温囿的所得，每年可以达到八十金，而一旦赧王得了温囿，每年可以给君王您缴纳一百二十金。这样的话，上党不会再有祸患，您每月又可以多得四十金。』魏王听了以后，便派孟卯将温囿献给赧王，并且答应派兵去帮助西周驻守边境。

韩魏易地

原文

韩、魏易地，西周弗利。樊余[①]谓楚王[②]曰：『周必亡矣。韩、魏之易地，韩得二县，魏亡二县。所以为之者，尽包二周，多于二县，九鼎存焉。且魏有南阳、郑地、三川[③]而包二周，则楚方城之外危；韩兼两上党以临赵，即赵羊肠[④]以上危。故易成之日，楚、赵皆轻。』楚王恐，因[⑤]赵以止易也。

注释

①樊余：周王室的臣子。②楚王：楚宣王。③南阳、郑地、三川：分别位于今河南南阳、郑县、洛阳一带。④羊肠：指羊肠坂道，非常曲折。⑤因：通过，由。

译文

韩国准备和魏国交换土地，这对西周不利。西周大臣樊余替西周对楚王说：『周朝必灭亡。韩、魏两国交换土地，韩将得两县，魏则失两县。而魏国之所以这样做，是准备包围东西两周，这样魏

得的地方比两个县还大，九鼎就在那。且魏国保有南阳、郑地、三川，又包围两周，那楚国方城以北之地都将受威胁；而韩国兼管两个上党紧临赵国，赵的羊肠一带地方将发生危险。所以从韩、魏交换土地成功那天起，楚、赵两国都将失去举足轻重的地位。』楚宣王一听这话立刻慌张起来，于是就由赵国出面制止韩、魏交换土地。

秦欲攻周

原文

秦欲攻周，周最谓秦王[1]曰：『为王之国计者，不攻周。攻周，实不足以利国，而声畏[2]天下。天下以声畏秦，必东合于齐。兵弊于周，而合天下于齐，则秦孤而不王矣。是天下欲罢秦，故劝王攻周。秦与天下俱罢[3]，则令不横行于周矣。』

注释

①秦王：指秦昭襄王。②声畏：名声不好。畏，恶。③罢：通『疲』，疲惫困顿。

译文

秦国想出兵攻打西周，周公子最对秦王说：『为您国家考虑的话，不能进攻西周。进攻西周实在是无法为贵国带来益处，而且您又会留下征讨天子的恶名。天下诸侯都将借您这坏名声而向东与齐国联盟，您的军队因进攻西周已经疲惫不堪，又促使诸侯与齐相联合，这样秦国因孤立而难以称王了。天下诸侯想要使秦国困顿，所以才劝秦王您攻打西周的。一旦秦国与诸侯一样都消耗完了的话，它的命令自然就不能横行于西周国了。』

宫他谓周君

原文

宫他[1]谓周君曰：『宛恃秦而轻晋，秦饥而宛亡；郑恃魏而轻韩，魏攻蔡而郑亡；邾、莒亡于齐；陈、蔡亡于楚，此皆恃援国而轻近敌也。今君恃韩、魏而轻秦，国恐伤[2]矣。君不如使周最阴合[3]于赵以备秦，则不毁。』

注释

①宫他：周国的大臣。②伤：受到伤害、损害。③阴合：暗地里联合。

译文

周臣宫他对周君说道：『宛国因为依仗了秦国，便对晋国放松了警戒，当秦国遭到了饥荒的时候，苑国便被晋国给乘机灭掉了；郑国因为依仗了魏国，便对韩国放松了警戒，当魏国攻打蔡国的时候，郑国便被韩国给乘机灭掉了；邾、莒两国被齐国消灭，陈、蔡两国被楚国消灭，这都是因为他们指仗有他国的援助，便对邻近的敌国放松了警戒所导致的。如今您只依仗有韩、魏两国，而放松了对秦国的警戒，恐怕国家会因此受到损害。您不如派周最暗地里和赵国联合起来，用来防备秦国，这样的话，国家就不会受到什么损害了。』

三国攻秦反

原文

三国[1]攻秦反，西周恐魏之藉[2]道也。为西周谓魏王曰：『楚、宋不利秦之德三国[3]也，彼且[4]攻王之聚[5]以利秦。』魏王惧，令军设舍[6]速东。

注释

①三国：指魏、韩、齐。②藉：通『借』。③德三国：德，使动用法。指的是，秦国败后，割了河东三城以求和。④且：将要。⑤聚：村落。⑥设舍：指军队驻扎一宿。

译文

魏、韩、齐三国攻打秦国，得胜以后开始返国，西周君担忧魏军会从西周的国境借道而过。有人为西周向魏王说道：『楚、宋两国认为秦国割地给魏、韩、齐三国的做法，将会对自己不利，他们将要袭击君王您国家的村落以加强秦国的力量。』魏王听说以后，甚为惊惧，马上下令全军上下，仅仅在驻地驻扎了一宿，便风餐露宿地日夜兼程东归。

犀武败

原文

犀武败，周使周足之[1]秦。或谓周足曰：『何不谓周君曰：「臣之秦，秦、周之交必恶。主君之臣又秦重而欲相者，且恶臣于秦，而臣为不能使矣。臣愿免[2]而行，君因相之。彼得相，不恶周于秦矣。」君重秦，故使相往；行而免，且轻秦也，公必不免。公言是而行，交善于秦，且公之成事③也；交恶于秦，不善于公且诛矣。』

注释

①之：到，前往。②免：辞去相国之职。③成事：当为『事成』。

译文

魏将犀武被秦军击败以后，秦国将要进攻西周，西周便派相国周足前去出使秦国。有人对周足说道：『您为什么不对周君声明：「我出使秦国的话，周、秦两国的关系必定会恶化。君王的大臣中有和秦国关系甚密的，这个人想要做相国，必定会向秦国毁谤于我。这样的话，我就不适合去出使秦国了。我愿意先将相国的职位辞掉然后再去出使秦国，君王您可以任命那人担任相国。他担任了相国以后，便不会在周、秦关系上挑拨了。」国君是很重视秦国的，因此才派您前去出使秦国。然而，既让您前去出使，却又免掉您的相国之职，这正是不重视秦国的表现，所以，您是不会被免去相国之职的。但是您对周君说了这番话以后再去出使秦国的时候，如果西周和秦国的关系搞好了，将会归于您善于外交的功劳；如果周秦两国的关系恶化了，那个诽谤您而想做相国的人，必将会遭受周君的严惩。』

卫鞅亡魏入秦

原文

卫鞅[①]亡魏入秦，孝公以为相，封之于商[②]，号曰商君。商君治秦，法令至行，公平无私，罚不讳[③]强大，赏不私亲近[④]，法及太子，黥劓其傅[⑤]。期年[⑥]之后，道不拾遗，民不妄取，兵革大强，诸侯畏惧。然刻深寡恩，特以强服之耳。

注释

①卫鞅：即公孙鞅，人称『商鞅』，原为魏臣，后入秦为相国，实行变法，秦国大治，最后被处以车裂之刑。②封之于商：把商地分封给卫鞅。③讳：指避讳。④私亲近：偏向于亲近之人。⑤黥劓其傅：在太子老师脸上刺字，割掉鼻子。黥，在脸上刺字；劓，把鼻子割掉。⑥期年：满一年。

译文

卫鞅从魏国逃到秦国，很快就被秦孝公任命为丞相，封于商，号称『商君』。卫鞅治理秦国，实行严刑峻法，大公无私，刑罚不畏权贵，赏赐不因亲近而徇私情。太子犯法，也不赦免，曾把太子师傅处以黥劓之刑。新法实行一年以后，秦国被治理得很好，无人捡取路上的失物，人民都不敢贪非分之财，而且兵强马壮，天下诸侯都很畏惧秦国。可惜由于商君之法过于刻薄寡恩，只是以暴力压服民众罢了。

原文

孝公行之[①]八年，疾且不起，欲传商君，辞不受。孝公已死，惠王代后，莅政有顷[②]，商君告归。

注释

①行之：指实行商鞅变法。②有顷：不久。

译文

孝公实行商君之法八年之后，由于孝公一病不起，临死前想让卫鞅做太子的师傅，然而卫鞅却拒绝不肯接受。孝公死了以后，惠王继位。惠王执政后不久，卫鞅就告老还乡。

原文

人说惠王曰：『大臣太重者国危，左右太亲者身危。今秦妇人婴儿皆言商君之法，莫言大王之法。是商君反为主，大王更为臣也。且夫商君，固大王仇雠[①]也，愿大王图之。』商君归还，惠王车裂之，而秦人不怜。

注释

①仇雠：仇敌。

译文

这时有人对惠王说：『如果大臣权势太重，国家就会发生危险；如果左右侍臣太亲，国王就有危险。现在秦国不论男女老幼，都只称道商君之法，而不称道大王之法，这意思就是说，商君成了主人，而大王反倒变成了臣子。何况商君本来就是大王的仇人。但愿大王能慎重考虑这件事！』当卫鞅从魏回到秦国时，秦惠王就下令处以他五马分尸的重刑，秦国人都不同情他。

苏秦始将连横说秦惠王

原文

苏秦①始将连横②说③秦惠王曰：『大王之国西有巴、蜀、汉中④之利，北有胡貉、代马⑤之用，南有巫山、黔中⑥之限，东有肴、函⑦之固。田肥美，民殷富，战车万乘，奋击⑧百万，沃野千里，蓄积饶多，地势形便。此所谓「天府」，天下之雄国也。以大王之贤，士民之众，车骑之用，兵法之教，可以并诸侯，吞天下，称帝而治。愿大王少留意，臣请奏其效！』秦王曰：『寡人闻之：毛羽不丰满者不可以高飞，文章⑨不成者不可以诛罚，道德不厚者不可以使民，政教不顺者不可以烦大臣。今先生俨然不远千里而庭教之，愿以异日。』

注释

①苏秦：战国时期纵横家的典型代表。②连横：一种军事策略，东西为横，南北为纵。秦国在函谷关以西，六国在崤山以东，所以秦与六国的联合称为连横。③说：游说。④巴、蜀、汉中：巴、蜀，两国之名，巴，今重庆地区，蜀，居今四川境地。汉中，郡名，在今湖北西部以及陕西西南一带。⑤胡貉、代马：指今山西北部内蒙古南部一带游牧民族所生产的兽皮、马匹等畜牧产品。⑥巫山、黔中：巫山，今重庆巫山东部；黔中，今贵州东北地区以及湖南的西部地区。⑦肴、函：肴，山名，即崤山，在今河南洛宁北；函，即函谷关，在今河南灵宝县一带。⑧奋击：指代奋勇作战的士兵。

黄帝

黄帝是上古传说中的圣贤，也是一位杰出的军事家，黄帝打败了蚩尤，建立并巩固了华夏族的部落联盟，被尊为华夏始祖。由于黄帝是通过战争取得天下，所以苏秦举黄帝的例子来说明武力的重要性。

⑨文章：在这里指法度。

译文

纵横家苏秦开始以连横之策游说秦惠王，说道：『大王的秦国，西面是巴、蜀、汉中，可以为我们提供丰富的资源加以利用；北面是胡地和代地，可以为我们提供充足的战备；南面是巫山、黔中，险要无比；东面是崤山、函谷关这样的要塞，易守难攻。田地肥沃富饶，百姓众多而富足，战车有上万辆，奋勇之士有百万之多，肥沃的原野有上千里，军粮又储备的十分充足，又有天然的地理形势之便。这乃是所说的天然府库啊，是整个天下最为强盛的国家。以大王您的贤德才能，再加上士兵百姓众多，兵车马队的使用，作战的策略，一定可以吞并天下诸侯，统一天下，称帝而治国。希望秦王您稍微注意一下，我请求您允许我使其生效。』秦王回答说：『我曾听闻羽翼未丰的鸟儿是飞不高的；法度还不够完善的国家是不能实施刑罚治罪的；德行不够高的人是不能使百姓听从于他的；政治教化推行不顺利的国君是不能劳烦臣子的。现在先生您不远千里来到朝堂上指教寡人，我看这件事还是以后再说吧。』

原文

苏秦曰：『臣固疑大王不能用也。昔者神农伐补遂[1]，黄帝伐涿鹿[2]而擒蚩尤，尧伐驩兜[3]，舜伐三苗[4]，禹伐共工[5]，汤伐有夏[6]，文王伐崇[7]，武王伐纣，齐桓任战而伯天下。由此观之，恶有不战者乎？古者使车毂击驰[8]，言语相结，天下为一；约从连横，兵革不藏；文士并饬，诸侯乱惑，万端俱起，不可胜理；科条既备，民多伪态；书策稠浊，百姓不足；上下相愁，民无所聊；明言章理，兵甲愈起；辩言伟服[9]，攻战不息；繁称文辞，天下不治；舌弊耳聋，不见成功；行义约信，天下不亲。于是，乃废文任武，厚养死士，缀甲厉兵[10]，效胜于战场。夫徒处[11]而致利，安坐而广地，虽古五帝、三王、五伯、明主贤君，常欲坐而致之，其势不能，故以战续之。宽则两军相攻，迫则杖戟相橦，然后可见大功。是故兵胜于外，义强于内；武立于上，民服于下。今欲并天下，凌万乘，诎[12]敌国，制海内，子元元[13]，臣诸侯，非兵不可。今之嗣主，忽于至道，皆惛于教，乱于治，迷于言，惑于语，沈于辩，溺于辞。以此论之，王固不能行也。』

注释

①补遂：古代的国家名。②涿鹿：山名，位于今天的河北涿鹿县西。③驩兜：此人尧时曾与共工相互勾结，后来被舜流放。④三苗：为古代的部落名。⑤共工：官名，主要管理水利。⑥有夏：夏朝。⑦崇：崇侯虎，商朝人，曾助纣王肆虐天下。⑧车毂击驰：车轴相互撞击，指出使人数颇多。⑨伟服：奇异的衣服，此处代指儒者。⑩厉兵：磨砺兵器。厉，通『励』。⑪徒处：无所作为。⑫诎：屈服、折服。⑬元元：百姓，人民。

译文

苏秦又说：『我早就想到大王您是不会听取我的策略的。古代神农氏征讨补遂，黄帝征讨涿鹿并擒捉蚩尤，尧讨伐驩兜，舜征伐三苗这个部落，禹讨伐水官共工，汤征伐夏桀，周文王征伐奸臣崇侯虎，周武王征伐商纣王，齐桓公因战而雄霸天下。由此看来，哪里会有不采用战争的呢？古代出使之人众多，使者之间相互结盟，谋略希求一统天下。虽然也运用合纵连横之略，但战争从来没有停止过；谋士说客巧舌如簧，诸侯混乱迷惑；万种矛盾都产生了，无法很好地处理；等到法度章程完备了，百姓却会变得虚伪奸诈；政令文书杂乱繁多，百姓也会变得不富足；朝廷上下愁苦，民不聊生；章程道理越是写的清晰明白，战事就会愈加频繁；越是推崇雄辩之士与儒者，战争就越是没有停息；书策言辞越是繁乱驳杂，天下也就越是不能治理。说的人舌头都说烂了，听的人耳朵都聋了，却没有任何效果；推崇仁义，结下盟约，可是天下之人依然没有亲善。然后才废除文治重视武力，有待敢死奋勇之士，修盔甲砺兵器，在战场争取胜利。整日无所作为，安安稳稳就想谋得利益，扩充土地，即使五帝、三王、五霸、明君贤主，总是闲坐着等待成功，也不可能奏效。所以我认为必须以战争作为后盾。两军相距遥远，就以强兵进攻；相距迫近，就短兵相接，这样之后才会建立大功。因此在外要靠战争求得胜利，在内要靠仁义求得强大；这样权威建立在上，百姓服从于下。如今想要兼并天下诸侯，凌驾于万乘之国，使敌国折服，辖制海内，保护百姓，使诸侯臣服，不用战争不行。可是如今的君王，却轻视这一道理，都被那些夸夸其谈的儒家治国之道弄昏了头脑，被他们的善辩之辞所迷惑，沉浸于他们的巧簧之辞中。由此说来，大王必定不会采纳我的建议。』

原文

说秦王书十上而说不行，黑貂之裘弊，黄金百斤尽，资用乏绝，去秦而归。羸縢履蹻[1]，负书担橐[2]，形容枯槁，面目犁黑，状有归[3]色。归至家，妻不下纴，嫂不为炊，父母不与言。苏秦喟叹曰：『妻不以为夫，嫂不以我为叔，父母不以我为子，是皆秦之罪也！』乃夜发书，陈箧数十，得《太公阴符》[4]之谋，伏而诵之，简练以为《揣》、《摩》。读书欲睡，引锥自刺其股，血流至足。曰：『安有说人主不能出其金玉锦绣、取卿相之尊者乎？』期年《揣》、《摩》成，曰：『此真可以说当世之君矣。』

注释

①羸：包扎缠绕。縢：绑腿布。履：指鞋。此处作动词，脚上穿鞋。蹻：即草鞋。②橐：指没有底的口袋。③归：通『愧』，羞愧。④《太公阴符》：太公，指姜太公尚，大智之人，善用兵用人，周国的开国功臣，封地于齐。《太公阴符》，相传为太公所作兵法权术之书。

译文

游说秦王的奏章上呈了十次之多，但终未被采纳。黑貂皮衣都穿破了，百斤黄金也都花完了，原本的资财物品来源也没有了，只好离开秦国返回而归。腿上扎着绑腿布，脚上穿着草鞋，背上书籍担上行囊，面目憔悴，脸色黄黑，带有愧色。回到家里，妻子不下织布机来迎接；嫂子也不给做饭；父母也不和他说话。苏秦长长地叹息道：『妻子不把我当作丈夫看待，嫂子不把我当作小叔子来看

待，父母也不当我是儿子，这些都是我自己的罪过啊。』于是晚上便找书，打开几十只书箱，找到《太公阴符》这部讲谋略权术的书，埋头苦读，挑选研读精要并开始写作《揣情》、《摩意》之篇。看书看得困了就用铁锥刺自己的大腿，血都流到了足跟。苏秦说：『哪里有游说君王却未能让他们拿出金玉锦绣相赠，并取得卿相这样的高官之位的呢？』满一年之后，《揣情》、《摩意》之篇写成，苏秦说道：『这个真的能够说服当世的君王了。』

原文

于是乃摩燕乌集阙①，见说赵王②于华屋之下，抵掌而谈，赵王大悦，封为武安君，受相印。革车百乘，绵绣千纯，白璧百双，黄金万镒③，以随其后，约从散横，以抑强秦。故苏秦相于赵而关不通。当此之时，天下之大，万民之众，王侯之威，谋臣之权，皆欲之决苏秦之策。不费斗粮，未烦一兵，未战一士，未绝一弦，未折一矢，诸侯相亲，贤于兄弟。夫贤人在而天下服，一人用而天下从。故曰：『式④于政，不式于勇；式于廊庙之内，不式于四境之外。』当秦之隆，黄金万镒为用，转毂连骑，炫煌于道，山东之国从风而服，使赵大重。且夫苏秦特穷巷掘门，桑户棬枢之士耳⑤。伏轼樽衔⑥，横历天下，廷说诸侯之王，杜左右之口，天下莫之能伉。

注释

①燕乌集阙：关塞名。②赵王：赵肃侯。③镒：古代的重量单位，一镒相当于二十两。④式：指决定。⑤且夫苏秦特穷巷掘门，桑户棬枢之士耳：这两句极言苏秦出身之贫贱。掘门，在墙上凿洞；棬枢，用树条圈起做门枢。⑥伏轼樽衔：指乘车骑马，言苏秦现在之显贵。轼，车前的横木；樽，控制，

约束；衔，马勒口。

苏秦衣锦还乡

苏秦贫贱之时『父母不子』，一旦富贵则『亲戚畏惧』。此图表现的就是苏秦富贵后衣锦还乡的场景。

译文

于是苏秦途经燕乌集阙，在华丽的宫殿面见并游说赵王，交谈甚欢，赵王十分高兴，册封他为武安君，授赠他相国之印。并赠予百辆战车，千匹绸缎、百对白璧，万镒黄金，跟在苏秦后面，前往各诸侯国建立合纵，瓦解连横，以抑制强大的秦国。苏秦任赵国相国之职时，通往函谷关的路就不通了。此时，天下如此辽阔，百姓如此之多，君王诸侯如此威严，谋划之臣如此富有权势，都将取决于说客苏秦的合纵之策。苏秦不用一斗食，不用一件兵器，不用一名士卒，未曾绷断一根弓弩之弦，未曾用折过一支箭，诸侯彼此之间比兄弟还要相亲。圣贤之士在上，整个天下都信服；一人用权，天下所有人都顺从。所以说：『国事决定于外交而非武力；取决于在朝廷、宗庙之中的谋划，而不是四境之外的拼杀。』苏秦掌权得势之时，黄金万镒以供他支配，车马成队以任他驱使，在道路上十分显耀，山东六国像是跟着风跑一样听从于苏秦，他在赵国的地位也因此而大大提升。苏秦原本只是一个土洞为屋舍，桑树为门，树枝为门枢的穷人而已。可是如今竟然乘车骑马，奔走横行天下，在朝廷上游说诸侯，堵住其他旁人之口，普天之下都没有人能与他相抗争。

原文

将说楚王，路过洛阳。父母闻之，清宫除道，张乐设饮，郊迎三十里；妻侧目而视，倾耳而听；嫂蛇行匍伏，四拜自跪谢。苏秦曰：『嫂何前倨而后卑也？』嫂曰：『以季子[1]之位尊而多金。』苏秦曰：『嗟乎！贫穷则父母不子，富贵则亲戚畏惧。人生世上，势位富贵，盖可忽乎哉！』

注释

①季子：苏秦的字，也有人认为是对小叔子的尊称。

译文

苏秦将要游说楚王，途经洛阳，父母知道之后，为苏秦收拾房屋，打扫道路，奏乐并摆宴设席，亲自到三十里以外的城郊迎接；妻子斜眼偷看不敢正视，侧着头倾听；嫂嫂像蛇一样趴在地上爬行，拜了四次向苏秦跪着请罪。苏秦问：『嫂子为什么之前如此傲慢，如今又这样卑下呢？』嫂子回答说：『因为您的地位很尊贵，又很有钱。』苏秦慨叹道：『唉！贫贱时父母亲都不认亲生儿子，富贵时亲戚都如此畏惧。生活在人世间，权势、地位、富贵，这些又怎么可以忽视呢！』

秦惠王谓寒泉子

原文

秦惠王谓寒泉子曰：『苏秦欺寡人，欲以一人之智反覆[1]东山之君，从[2]以欺秦。赵固负其众，故先使苏秦以币帛约乎诸侯，诸侯不可一[3]，犹连鸡之不能俱止于栖之明矣。寡人忿然含怒日久。吾欲使武安子起往喻意[4]焉。』寒泉子曰：『不可。夫攻城堕邑，请使武安子；善[5]我国家，使诸侯，请使客卿张仪。』秦惠王曰：『敬受命。』

注释

①反覆：意思是诈骗。②从：即合纵。③一：统一。④喻意：即谕意。⑤善：善待、维护。

译文

秦惠王对寒泉子说道：『苏秦欺负寡人太过了，想要凭他一人的心智力量，诈骗函谷关之东的六国之君，用合纵政策去对付我们秦国。赵王固然凭仗其人多势众，所以先派苏秦以大量的币帛钱物做诱饵去联络诸侯。然而诸侯们是不可能真正地齐心合力的，这就如同用绳子串连起来的鸡，它们是无法统一栖息时间的，这其中的道理是非常明显的。我心里对此一直深感愤恨。我想派武安子立即将事实的真正意图告诉给天下的诸侯。』寒泉子说：『这样是行不通的，如若是要去攻城略地，倒是应该派武安子前去，如若是为了维护国家的利益，需要派人出使诸侯国，那就应该派客卿张仪前去了。』秦惠王听了说道：『我接受你的意见。』

张仪说秦王

原文

张仪说秦王曰：『臣闻之，「弗知而言为不智，知而不言为不忠。」为人臣不忠当死，言不审亦当死。虽然，臣愿悉言所闻，大王裁其罪。臣闻，「天下阴燕阳魏，连荆①固齐，收余韩，成从，将西南以与秦为难。」臣窃笑之。世有「三亡」，而天下得之，其此之谓乎！臣闻之曰：「以乱攻治者亡，以邪攻正者亡，以逆攻顺者亡。」今天下之府库②不盈，囷仓③空虚，悉其士民，张军数百万，白刃在前，斧质在后，而皆去走不能死，其百姓不能死也，其上不能杀也。言赏则不与，言罚则不行，赏、罚不行，故民不死也。

注释

①荆：楚国。②府库：古代用于储备财物者为府，储备兵器者为库。③囷仓：均是存粮之处，只是形状不一样，圆为囷，方为仓。

译文

张仪游说秦王道：『我曾听说，「不清楚事情的来龙去脉就发表意见是不明智的；清楚地了解事情却不开说是不忠诚的。」身为臣子对君主不能忠诚相待就应当死；说却有所隐瞒也应该死。尽管这样，我仍想把我听说的全部说出来，请大王裁决定夺其罪过。我听说：「天下北方的燕与南方的魏，又在联盟楚国联合齐国，收罗韩国的残剩之势，结成合纵之约，打算在西南方向与秦国相对抗。」我曾暗地里偷笑。世间亡国的情况有三种，而终究会有人来收拾残局，说的应该就是如今的世道！我

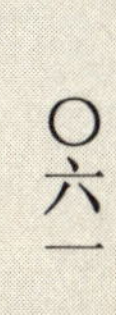

听说："混乱的国家攻打治理有序的国家，必然会灭亡；邪恶的国家进攻正义的国家，必然遭受败亡；违背天理的国家攻打顺应天道的国家，必将灭亡。"现在天下诸侯储藏的财货兵器都不充足，囤积的米粮也很缺乏，他们把所有的百姓征集起来，组成百万之师，虽然前面有白刃刀锋，后面有利斧，仍然败退逃跑，不愿拼死抗战。百姓不肯拼死抗战，是由于上层人士不拼杀。扬言奖赏却不施行，说处罚却不实施，所以百姓才不愿意为国家拼死抗战。

原文

"今秦出号令，而行赏、罚，有功无功相事也。出其父母怀衽之中，生未尝见寇也。闻战顿足徒裼[①]，犯白刃，蹈煨炭，断死于前者比是也。夫断死与断生也不同，而民为之者是贵奋也。一可以胜十，十可以胜百，百可以胜千，千可以胜万，万可以胜天下矣。今秦地形断长续短，方数千里，名师数百万。秦之号令赏罚，地形利害，天下莫如也。以此与天下，天下不足兼而有也。是知秦战未尝不胜，攻未尝不取，所当[②]未尝不破也。开地数千里，此甚大功也。然而甲兵顿，士民病，蓄积索，田畴荒，囷仓虚，四邻诸侯不服，伯王[③]之名不成，此无异故，谋臣皆不尽其忠也。

注释

①顿足徒裼：停止步伐，脱下衣服。顿，停顿；裼，脱掉上衣。②当：通"挡"，指抵挡。③伯王：霸王。

译文

"现在秦国号令分明，实行赏罚制度，按照具体的情况分析有功无功。在离开父母怀抱的时候，从来未曾见过敌寇。听说作战就停止步伐，脱下衣服，对着敌人的刀锋白刃，赤脚踩踏煨炭，几乎全部决心死于战场。决定要战死还是逃生是很不相同的，但百姓仍然愿意为秦而战死，这是把奋战至死的精神看得很重的缘故。一人能够战胜十人，十人就能够战胜百人，百人就能够战胜千人，千人就能够战胜万人，万人就可以战胜整个天下。现在的秦国，如果把地形截长补短的话，土地方圆就有数千里，骁勇的军队就有几百万人。秦国号令赏罚分明，地形险要有利，普天之下没有能比得上的，凭借这些优势来与天下诸侯争霸，即使是整个天下也不够秦吞并。从这些就可以看出，秦国一定是作战就不可能不胜，攻就不可能没有攻取，抵挡抗敌就不可能不击破。开拓国土数千里，这将是很大的功业。但是现在秦国军队疲劳困顿，百姓穷苦，积蓄也已经全部用完，田园荒废了，粮仓空虚，周围的诸侯也都没有臣服，霸主的声名没能建立，出现这种奇怪的事情没有其他原因，是因为我们秦国的谋臣未能完全忠诚的原因。

原文

『臣敢言往昔。昔者，齐南破荆，中破宋，西服秦，北破燕，中使韩、魏之君①，地广而兵强，战胜攻取，诏令天下，济清河②浊足以为限，长城钜坊③足以为塞。齐五战之国也，一战不胜而无齐。故由此观之，夫战者万乘之存亡也。

注释

①中使韩、魏之君：指齐湣王役使韩王与魏王作战讨伐楚与秦之事。②河：特指黄河。③长城钜坊：以长城为巨大的防守。

『我想要谈论一下往昔。以前，齐国在南面攻破了楚国，在中部打败了宋国，在西面降服了秦国，在北面又战胜了燕国，在中部地区又役使韩王和魏王。国土宽广，军队强大，作战必胜攻取必克，天下为其所号令，清澈的济水与混浊的黄河是其天然屏障，长城是它坚固的防守。齐，连续战胜五次，只战败一次就灭了。由这件事可以看出，作战决定万乘之国的存亡。

原文

『且臣闻之曰：「削柱掘根，无与祸邻，祸乃不存。」秦与荆人战，大破荆，袭郢[1]，取洞庭、五都[2]、江南。荆王亡奔走，东伏于陈。当是之时，随荆以兵，则荆可举[3]。举荆则其民足贪也，地足利也。东以强齐、燕，中陵三晋。然则是一举而伯王之名可成也，四邻诸侯可朝也，而谋臣不为，引军而退，与荆人和，今荆人收亡国，聚散民，立社主，置宗庙，令帅天下西面以与秦为难，此固已无伯王之道一矣。天下有比志而军华[4]下，大王以诈破之，兵至梁郭，围梁数旬，则梁可拔，拔则魏可举，举魏则荆、赵之志绝，荆、赵之志绝则赵危，赵危而荆孤，东以强齐、燕，中陵三晋。然则是一举而伯王之名可成也，四邻诸侯可朝也；而谋臣不为，引军而退，与魏氏和，令魏氏收亡国，聚散民，立社主，置宗庙，此固已无伯王之道二矣。前者穰侯[5]之治秦也，用一国之兵，而欲以成两国之功。是故兵终身暴灵于外，士民潞病于内，伯王之名不成，此固已无伯王之道三矣。

注释

①郢：楚国的国都，位于今天的湖北江陵。②五都：指五渚，即长江、资水、澧水、沅水，湘江五条大河。

③举：指攻取，夺取。④华：华阳城，位于今天的河南新郑东南方向。⑤穰侯：秦国宣太后之弟。穰，为其封地之名。

译文

「并且臣还听说：『砍伐树木要除根，不去祸害相邻，祸就不会存在了。』以前秦与楚交战，秦大败楚，占领了郢城，夺取了洞庭、五都、江南，楚王逃亡，东走躲藏在了陈。当时，继续攻打楚国，便能攻取全部楚地。占领了楚国，那里的百姓就足够我们使用，那里的物产就足够我们使用。东可强于齐、燕，中可以凌驾三晋，如此一来就可以一举而完成建立霸王之业，令天下诸侯臣服于秦。但是谋臣却没有这样做，反而率军撤兵并与楚议和，如今楚国已收复故土，聚集了四处离散的百姓，立下社稷之主，建立起宗庙，号令统率天下诸侯在西面和秦国抗衡，这样秦国第一次失去建立霸业之机。后来天下诸侯联合起来，兵临华阳城下，大王您采用诈术击破了他们，一直逼进到魏国都城大梁之外。如果继续围困大梁几十天，便可攻取大梁。一旦占领大梁，就可以吞下整个魏国；吞并了魏国，楚、赵联盟之约也就破了，楚赵联盟一旦散了，赵国就会很危险了。赵危险了，楚国就会孤立。如此一来，秦国在东面就可强于齐、燕，在中部可以凌驾三晋。这样的话也就能够一举建立霸王之业了，天下诸侯都前来朝拜。但是谋臣却不这样做，反而率军撤退，和魏国议和，使得魏国收复故土，聚集了四处离散的百姓，立下社稷之主，建立起宗庙，这样秦国第二次失去了建立霸业之机。前不久穰侯担任相国，治理秦国，他想用秦国一国的兵力建立两国才能建立的功业。因此军队整日在外承受日晒雨淋之苦，百姓在境内疲弊劳苦，却始终不能建立霸业，这样秦国第三次失去了建立霸业之机。

原文

『赵氏，中央之国也，杂民之所居也，其民轻而难用，号令不治，赏罚不信，地形不便，上非能尽其民力，彼固亡国之形也，而不忧民氓，悉其士民，军于长平[①]之下，以争韩之上党[②]。大王以诈破之，拔武安。当是时，赵氏上下不相亲也，贵贱[③]不相信。然则是邯郸不守，拔邯郸，完河间，引军而去，西攻修武[④]，逾羊肠，降代、上党。代三十六县，上党十七县，不用一领[⑤]甲，不苦一民，皆秦之有也。代、上党不战而已为秦矣，东阳、河外[⑥]不战而已反为齐矣，中呼池以北不战而已为燕矣。然则是举赵则韩必亡，韩亡则荆、魏不能独立，荆、魏不能独立，则是一举而坏韩、蠹[⑦]魏、挟荆，以东弱齐、燕，决白马之口以流魏氏。一举而三晋亡，从者败。大王拱手以须，天下遍随而伏，伯王之名可成也。而谋臣不为，引军而退，与赵氏为和。

注释

①长平：地名，位于今山西高平以西。②争韩之上党：白起进攻韩国上党，郡守投奔赵，白起就又去攻打赵。③贵贱：分别代指地位尊贵和低下的人。④修武：地名，位于今河南修武境内。⑤领：古时量词，即件。⑥东阳、河外：东阳，赵国地名；河外，处于齐与赵交界之地。⑦蠹：原指虫子，这里是毁坏之意。

译文

『赵国位于各诸侯国的中间地带，是百姓混杂之地，人民轻浮难以管理，使得国家的号令无法执行，赏罚缺乏信用，而且地形也不利于防守，国君不能完全发挥人民的潜力，那实在是灭亡之国的形势了，并且还不体恤百姓，几乎征集了全国所有的百姓，到长平作战，和韩国争夺上党之地。秦王您以诈术战胜赵国，攻占了武安。那个时候赵国君臣上下不能同心协力，贵人与贫贱彼此缺乏信任，这样邯郸就没有坚固的防守。如果我们秦军夺取邯郸，军队在河间得以修缮，之后再统帅秦军，到西面进攻修武，穿过羊肠这个险塞，降服代和上党。代有三十六个县，上党有二十七个县，不需要一领盔甲，不劳费一兵一卒，这些就全归秦国了。代和上党不用作战就成了秦国的土地，东阳、河外不用打仗也将反归齐国，中呼池以北地区不用战争也将成为燕国之地。既然这样，赵国被完全攻占之后，韩国也必将灭亡，而韩灭亡之后，楚、魏两国就无法独立；这样就可以一举攻占韩国；损伤魏国；挟持韩国击破楚国，然后往东使齐、燕两国被削弱，再把白马津的河口挖开让流水淹没魏国。这样一个举措就能使三晋灭亡，合纵联盟终将失败。大王您只需拱手相待，天下诸侯会连续不断地来跪拜，霸王之名也就建立了。但是谋臣却不这样做，反而率军退兵，同赵议和了。

原文

『以大王之明，秦兵之强，伯王之业地，尊不可得，乃取欺于亡国，是谋臣之拙也。且夫赵当亡不亡，秦当伯不伯，天下固量秦之谋臣一矣。乃复悉卒乃攻邯郸[1]，不能拔也，弃甲兵怒，战栗而却[2]，天下固量秦力二矣。军乃引退，并于李下[3]，大王又并军而致与战，非能厚胜之也，又交罢却，天下固量秦力三矣。内者量吾谋臣，外者极吾兵力。由是观之，臣以天下之从岂其难矣？内者吾甲兵顿，士民病，蓄积索，田畴荒，困仓虚；外者天下比志甚固。愿大王有以虑之也。

妲己害政

商纣王征服有苏氏，有苏氏献出美女妲己。纣王迷于妲己的美色，对她言听计从。纣王荒理朝政，日夜宴游，上下离心，终于亡国。

注释

①攻邯郸：秦后来又攻打邯郸城，被魏国所败。邯郸，今河北的邯郸。②却：指退却。③李下：地名，位于今河南温县。

译文

『凭借大王您的贤明，秦军的强盛，霸王的功业，没能得到尊贵的地位，而且还被行将就灭的其他诸侯国欺凌，这都是因为谋臣的笨拙啊。赵国该灭亡却没有灭亡，秦国该称霸而没能称霸，天下都已经看清了秦国的谋略之臣，这是第一点。秦国曾经集结全国之兵力攻打邯郸，不但未能夺取，反而被赵打得丢盔弃甲，兵士又怒又怕，战战兢兢地退却，天下人已经清楚地看到了秦军的力量，这是第二点。我军于是相率退却，在李下聚集，大王又再次整编军队，极力继续作战，这不可能取得大胜，于是再次罢兵退却，天下人再次清楚地看到了秦军的智力，这是第三点。对于秦国内部看透了谋臣，对于秦国的外部看透了秦军。这样看来，我认为对付天下诸侯的合纵岂不是更难了吗？我们秦国国内兵士疲弊，百姓困顿，积蓄已用尽，田地也荒芜了，粮库已空；秦国外部诸侯联合，十分坚固，希望大王能多多考虑它！

『且臣闻之：「战战栗栗，日慎一日，苟慎其道，天下可有也。」何以知其然也？昔者，纣为天子，帅天下将甲百万，左饮于淇谷①，右饮于洹水②，淇水竭，而洹水不流，以与周武为难。武王将素甲三千，领战一日，破纣之国，禽其身，据其地，而有其民，天下莫不伤。智伯帅三国之众，以攻赵襄主于晋阳，决水灌之，三年，城且拔矣。襄主错龟、数策③占兆，以视利害：何国可降？而使张孟谈④。于是潜行而出，反智伯之约，得两国之众，以攻智伯之国，禽其身，以成襄子之功。今秦地断长续短，方数千里，名师数百万。秦国号令赏罚，地形利害，天下莫如也。以此与天下，天下可兼而有也。

注释

①淇谷：位于现在的河南淇县。②洹水：河名，在商代朝歌附近，今位于河南的安阳、鹤壁一带。③错龟、数策：均为占卜之术。④张孟谈：襄主的臣子。

『我还听说：「非常惶恐的话，一天会比一天更谨慎。假若谨慎得法，全天下都可以拥有。」凭什么知道是这个样子的呢？古代，纣为天子，统帅天下百万之师，左边的军队还在淇谷这个地方饮马的时候，右边的军队就已经在洹水喝水了，淇水的水都被饮马用完了，洹水也被喝完了而不再流淌，用这么庞大的军队去跟周武王交战。武王却只将领了三千身着简单甲胄的兵士，只用了一天，就攻

占了纣王的国都，擒获了纣王，占据了殷商的土地，拥有了殷商的臣民，但是天下却没有为之悲伤。以前智伯率领三国的军队，去到晋阳进攻赵襄子，智伯挖开河堤想要用水淹它，三年之后，晋阳城即将被攻下。赵襄子用错龟、数策的方法进行占卜，预测吉凶，哪个国家被降服。并派遣张孟谈偷偷出城，破坏智伯和韩、魏两国的约定，得到了韩魏两国的兵众，来攻打智伯，终于俘虏了智伯，实现了赵襄主的功业。现在秦国土地截长补短的话，方圆数千里，有名望的军队数百万，而且号令严明赏罚分明，再加上险要的地形，没有哪个诸侯能比得上的。凭借这些优势，而与诸侯争雄，整个天下都可以吞并占有。

原文

『臣昧死望见大王，言所以即举天下之从，举赵亡韩，臣荆、魏，亲齐、燕，以成伯王之名，朝四邻诸侯之道。大王试听其说，一举而天下之从不破，赵不举，韩不亡，荆、魏不臣，齐、燕不亲，伯王之名不成，四邻诸侯不朝，大王斩臣以徇①于国，以主为谋不忠者。』

注释

①徇：通『殉』。

译文

『臣冒着死罪的危险想要见到大王，谈论破坏天下合纵战略，灭赵亡韩，使楚魏称臣于秦，联合齐、燕两国，从而建立霸业，使诸侯都来朝贡的方法。恳请大王暂且听从我的谋略，如果一举无法瓦解天下合纵，破赵灭韩，让魏、楚称臣，齐、燕联合的话，不能建立霸业，使诸侯朝贡，大王您可以砍下我的头殉国示众，可以把我当做为君主谋划却不能完全尽忠的臣子。』

司马错与张仪争论于秦惠王前

原文

司马错[1]与张仪[2]争论于秦惠王前。司马错欲伐蜀，张仪曰：『不如伐韩。』王曰：『请闻其说。』

对曰：『亲魏善楚，下兵三川[3]，塞轘辕、缑氏[4]之口，当屯留[5]之道，魏绝南阳，楚临南郑[6]，秦攻新城、宜阳[7]，以临二周之郊，诛周主之罪，侵楚、魏之地。周自知不救，九鼎[8]宝器必出。据九鼎，桉图籍，挟天子以令天下，天下莫敢不听，此王业也。今夫蜀，西辟之国，而戎狄之长也，弊兵劳众，不足以成名；得其地不足以为利。臣闻「争名者于朝，争利者于市。」今三川、周室天下之市朝也，而王不争焉，顾争于戎狄，去王业远矣。』

注释

①司马错：秦国之臣。②张仪：原本为魏国人，后为秦臣，纵横家的典型代表。③三川：韩国地名，该地有黄河、洛水、伊水三条河流，故曰『三川』。④轘辕、缑氏：山名，两地均有重要的军事地理意义。轘辕，位于今河南巩县西南；缑氏，位于今河南偃师南。⑤屯留：为韩地之名，在今山西西南部。⑥南郑：韩国都城，在今河南新郑以西。⑦新城、宜阳：均为韩地之名，分别在今河南伊川西南和宜阳西北。⑧九鼎：传国之宝，周室国家政权的象征。

鼎

九鼎象征九州，是周王室政权的象征。待周室衰微，各诸侯国纷起，都想挟鼎以定天下。故张仪进言逼鼎。

译文

司马错与纵横家张仪在秦惠王面前争论。司马错想要攻打蜀国，张仪却说：『不如攻打韩国。』秦惠王说：『请让我听听你的建议。』

张仪说：『秦王您先跟魏国与楚国假装亲善，然后出兵韩郡三川，堵住轘辕和缑氏这两个军事要地的通口，挡住韩地屯留的要道，再使魏国切断南阳的路，楚国兵临南郑，我们秦国再出兵进攻新城、宜阳两地，然后直接兵临东周与西周的城外，征讨惩罚二周的罪过，最后侵吞楚、魏之地。周王明白自己无法求救，必然会把九鼎宝器献出。拥有了九鼎之后，就可以按照地图户籍，挟持周天子并以其名义号令天下，天下又有哪个敢不听我们秦国的命令呢？这才是所谓的霸王之业。蜀国，只不过是西面边远之地，蛮人为首领的国家，我们使兵士疲弊百姓劳苦，也不能得到霸业之名；我经常听人说：「争夺名誉的人要在朝廷上，争夺利益的人要在市场上。」现在的三川和周室就是天下的朝廷和市场，秦王您不去争夺，反而去争夺戎、狄这些野蛮的国家，这距离称霸天下的大业实在太遥远了。』

原文

司马错曰：『不然，臣闻之，「欲富国者，务广其地；欲强兵者，务富其民；欲王者，务博其德。三资者备，而王随之矣。」今王之地小民贫，故臣愿从事于易。夫蜀，西辟之国也，而戎之长也，而有桀、纣之乱；以秦攻之，譬如使豺狼逐群羊也。取其地，足以广国也；得其财，足以富民缮兵；不伤众而彼已服矣。故拔一国而天下不以为暴；利尽西海①诸侯不以为贪。是我一举而名实②两附，而又有禁暴正乱之名。今攻韩，劫天子。劫天子，恶名也，而未必利也，又有不义之名，而攻天下之所不欲，危。臣请谒其故。周，天下之宗室也；齐，韩、周之与国也。周自知失九鼎，韩自知亡三川，则必将二国并力合谋，以因于齐、赵，而求解乎楚、魏。以鼎与楚，以地与魏，王不能禁。此臣所谓「危」，不如伐蜀之完也。』惠王曰：『善！寡人听子。』

卒起兵伐蜀，十月取之，遂定蜀。蜀主更号为侯，而使陈庄③相蜀。蜀既属，秦益强富厚，轻诸侯。

注释

①西海：指蜀国。②名实：意思是指不贪不暴的名利与获得蜀国之地之财的实利。③陈庄：秦国之臣，公元前314年拜为蜀相。

译文

司马错说：『不是这个样子的，我曾经听说：「想要使国家富强，就必须先扩大其领地；想要使军队强大，就必须先使百姓富足；想要称霸天下，就一定要先广泛宣扬道德。做到了这三件事情以后，随后就将为天下之王。」如今秦王您土地少，百姓又穷困，因此我想要从容易的地方开始。蜀

正是这样的一个偏僻之国，戎狄之首领，并且有如夏桀、商纣当政时的混乱；我们秦国攻打蜀国，将会像狼群追逐羊群一样简单。占领了蜀国的土地，足以使秦国版图扩大；获得蜀国的财物，足以使百姓富足；不用伤害百姓就可以使之臣服。所以虽然灭了蜀国，但是天下之人却不会认为秦王暴虐；秦即使将蜀国抢劫一空，天下诸侯也不会认为秦贪婪。我们这样一举两得，甚至还能获得除去暴虐安定百姓的美名。如果我们今天攻打韩国，挟持天子。挟持天子，这是一个大恶名，而且也未必能从中获利，还要背负不义的恶名，攻打诸侯都不愿意攻打的国家，实在是很危险。我请求陈述危险原因。周，是天下所有诸侯国的王室，齐又是韩与周的友好之邦。一旦周知道自己要失掉九鼎，而韩知道自己要失去三川，两国必定会合力谋划，联络齐、赵去疏通以解楚、魏之围，把九鼎献给楚，把土地送给魏，这些秦王您是禁止不了的。这就是为什么臣会说危险的原因，不如伐蜀这样的万全之策。』秦惠王说：『好！寡人听从你的意见。』

秦国终于出兵攻打蜀国，十个月就占领了蜀国。蜀主的名号变改为侯，秦又令臣子陈庄担任蜀的相国。蜀既已归属秦国，秦国便越发地强盛繁荣，越发地轻视天下诸侯。

张仪之残樗里疾

原文

张仪之残[1]樗里疾也，重[2]而使之楚，因令楚王为之请相于秦。张子谓秦王曰：『重樗里疾而使之者，将以为国交也。今身在楚，楚王因为请相于秦。臣闻其言曰：「王欲穷[3]仪于秦乎？臣请[4]助王。」

楚王以为然[5]，故为请相也。今王诚[6]听之，彼必以国事楚王。』秦王大怒，樗里疾出走。

注释

①残：陷害。②重：重用。③穷：困住。④请：请允许我。⑤然：这样。⑥诚：诚然、果真。

译文

张仪想要陷害樗里疾，便先提升他的官职，然后派他前去出使楚国，同时又让楚王向秦国请求让樗里疾担任相国，张仪对楚王说道：『之所以提高樗里疾的官职，派他前去出使楚国，正是为了两国的友好邦交关系。如今樗里疾身在楚国，楚王向秦国请求让他去担任相国。我听到他对楚王这么说：「大王您想让张仪在秦国得不到重用吗？请允许我为您效劳。」楚王同意了他这么做，因此就向秦国请求让他去担任相国。如今如果大王您真的听从楚王的请求，他必将会向楚王出卖秦国。』秦王听后大为生气，樗里疾只得从楚国逃走了。

张仪欲以汉中与楚

原文

张仪欲以汉中[1]与楚，请秦王曰：『有汉中，蠹[2]。种树不处者，人必害之；家有不宜之财，则伤本。汉中南边为楚利，此国累[3]也。』甘茂谓王曰：『地大者，固多忧乎？天下有变，王割汉中以为和楚，楚必畔[4]天下而与王。王今以汉中与楚，即天下有变，王何以市[5]楚也？』

注释

①汉中：本为楚国之地，后被秦夺取。②蠹：虫子，指汉中对秦国而言犹如蠹，将会造成为祸害。③累：指累赘，忧患。④畔：通『叛』，反叛，背叛。⑤市：买，交换。

译文

张仪想要将汉中归还给楚国，于是便奏请秦王说道：『占有汉中，对秦国而言是个祸害。树如果种的地方不合适，人们就会破坏它；家里如果有非取之有道的财物，就会损伤为人之本。在南边汉中对楚有好处，对我们秦国只是累赘啊。』大臣甘茂却对秦王说：『难道拥有宽广的国土就必然会有忧患吗？天下诸侯一旦有什么变动，秦王您把汉中割让给楚国并与之讲和，楚必将背叛天下诸侯而与秦王您联盟。大王您现在就割汉中给楚国，万一天下诸侯有什么变动，您该用什么来与楚国交换呢？』

楚攻魏张仪谓秦王

原文

楚攻魏，张仪谓秦王曰：『不如与[①]魏，以劲[②]之。魏战胜，复听于秦，必入西河之外；不胜，魏不能守，王必取之。』王用仪言，取[③]皮氏，卒万人，车百乘，以与魏。犀首[④]战胜威王，魏兵罢弊[⑤]，恐畏秦，果[⑥]献西河之外。

注释

①与：帮助、援助。②劲：加强。③取：攻取。④犀首：魏国大将。⑤罢弊：筋疲力尽、疲惫至极。⑥果：果然。

译文

楚国开始进攻魏国，张仪对秦王说道：『不如您去帮助魏国，增强它的力量。如果魏国战胜了楚国，他肯定会听命于秦国，必定会将西河之外的土地割让给我们；如果魏国失败了，它也无法再守住西河之外，大王便可以趁机将之夺取过来。』秦王听取了张仪的计策，进兵攻取皮氏，用大军万人，战车百辆，去支援帮助魏国。魏国大将犀首战胜了楚威王取得胜利。然而那时魏国的军队已经极其疲惫困顿，害怕秦国会趁机攻打魏国，果然就将西河之外的土地都献给了秦国。

田莘之为陈轸说秦惠王

原文

田莘之为陈轸①说秦惠王曰：『臣恐王之如郭君②。夫晋献公欲伐郭，而惮舟之侨③存。荀息④曰：「《周书》有言：『美女破舌⑤』。」乃遗之女乐，以乱其政。舟之侨谏而不听，遂去。因而伐郭，遂破之。又欲伐虞，而惮宫之奇⑥存。荀息曰：「《周书》有言：『美男破老⑦』。」乃遗之美男，教之恶宫之奇。宫之奇以谏而不听，遂亡。因而伐虞，遂取之。今秦自以为王，能害王者之国者，楚也。楚知横君⑧之善用兵与陈轸之智，故骄张仪以五国。来，必恶是二人。愿王勿听也。』

张仪果来辞，因言轸也。王怒而不听。

注释

①陈轸：战国时期有名的策士，最初在秦为官，后入楚国。②郭君：郭即『虢』，为周文王之弟虢叔的封地，后被晋国所灭。郭君应为虢叔的后人。③舟之侨：郭君的臣子。④荀息：担任晋国的大夫之职。⑤美女破舌：指漂亮的女人会毁掉谏臣。舌，进谏之臣。⑥宫之奇：人名，虞的臣子。⑦美男破老：俊秀的男子会毁坏老臣。老，指为国家尽职多年的老臣。⑧横君：秦国之将横门君。

译文

秦臣田莘替策士陈轸游说秦王道：『我担忧秦王您将会像郭君一样。以前晋献公想要攻打虢，但是又忌惮舟之侨。晋臣荀息进谏道：「《周书》上讲：『美丽的女子能够迷惑国君毁掉谏臣。』」因此，晋献公就送给虢君歌女，从而惑乱朝政。大臣舟之侨劝说虢君，但是虢君并不听从，于是舟之侨就离虢而去。这时晋国便出兵攻打虢，很快就把虢灭了。晋国又想攻打虞，但是忌惮虞国老将宫之奇。荀息又进谏说：「《周书》上讲：『俊秀的男子能毁掉老臣。』」因此，晋献公送给虞君一些徘优，让他们诋毁宫之奇。老臣宫之奇劝谏，虞君却不听取，所以宫之奇就离虞而去。晋国就又趁机出兵攻打虞，很快又把虞灭了。现在秦国将称王于诸侯，能对大王构成威胁的就是楚国了。楚清楚横门君擅长用兵，陈轸善于用计，因此楚王才会骄纵张仪用他合纵燕、赵、楚、魏、韩五国。张仪到了秦国，必然会诋毁这两个人，希望大王您不要听从相信他的谗言。』

后来张仪果然来到秦国并进谗言，诋毁大臣陈轸，惠王十分愤怒，没有听信他的谗言。

张仪又恶陈轸于秦王

原文

张仪又恶陈轸于秦王曰：『轸驰楚、秦之间，今楚不加善秦而善轸，然则是轸自为而不为国也。且轸欲去秦而之楚，王何不听乎？』

王谓陈轸曰：『吾闻子欲去秦而之楚，信乎？』陈轸曰：『然。』王曰：『仪之言果信也。』曰：『非独仪知之也，行道之人皆知之。曰孝己爱其亲，天下欲以为子；子胥忠乎其君，天下欲以为臣。卖仆妾售乎闾巷者，良仆妾也；出妇嫁乡曲者，良妇也。吾不忠于君，楚亦何以轸为忠乎？忠且见弃，吾不之楚，何适乎？』秦王曰：『善。』乃必之也。

译文

张仪又说陈轸的坏话，他对秦王说：『陈轸奔走于楚、秦之间，可现在楚国并不见得对秦国更加友好，却对陈轸友好。如此看来，陈轸全是为了自己，而不是为了秦国。而且陈轸打算离开秦国到楚国去，大王您却为什么不注意审察呢。』

秦惠王便对陈轸说：『我听说您想离开秦国到楚国去，是真的吗？』陈轸说：『是真的。』秦王说：『那张仪的话是真的罗！』陈轸说：『这事不单是张仪知道，过路的人也都知道。从前，殷高宗之子孝己疼爱自己的后母，天下人都希望孝己做自己的儿子；吴国大夫伍子胥对自己君王尽忠，天下君王都希望伍子胥做自己的大臣。出卖仆妾，如果卖给邻里，因为邻里都了解她善良，这才是好仆妾；嫁女人，如果嫁给乡里，因为乡里都了解她善良，这才是好女人。我如果不忠于君王，楚

王又怎么会要我做他的大臣呢？一片忠心，尚且被遗弃，我不到楚国去，又到哪里去呢？』惠王说：『好！』于是就挽留了陈轸。

陈轸去楚之秦

陈轸去楚之秦。张仪谓秦王曰：『陈轸为王臣，常以国情输[1]楚。仪不能与从事，愿王逐之。即[2]复之楚，愿王杀之。』王曰：『轸安敢之楚也！』

注释

①输：送，在此指告诉。②即：倘若。

译文

陈轸从楚回到秦。张仪对秦王说道：『陈轸是秦王您的大臣，但是却经常泄漏秦国的机密给楚王。我无法与他共事，希望大王您把他驱逐出去。倘若他想要再次回到楚国，希望大王您杀了他。』秦惠王说：『陈轸怎么敢到楚国呢。』

原文

王召陈轸告之曰：『吾能听子言，子欲何之？请为子约[1]车。』对曰：『臣愿之楚。』王曰：『仪以子为之楚，吾又自知子之楚。子非楚，且安之也？』轸曰：『臣出，必故之楚，以顺[2]王与仪之策，而明臣之楚与不[3]也。楚人有两妻者，人诳[4]其长者，詈[5]之；诳其少者，少者许之。居无几何，

有两妻者死。客谓诳者曰：「汝取长者乎。少者乎？」「取长者。」客曰：「长者詈汝，少者和汝，汝何为取长者？」曰：「居彼人之所，则欲其许我也；今为我妻，则欲其为我詈人也。」今楚王明主也，而昭阳⑥贤相也。轸为人臣，而常以国输楚王，王必不留臣，昭阳将不与臣从事矣。以此明臣之楚与不。」

注释

①约：预备。②顺：指顺从，顺应。③不：即「否」。④诳：通「挑」，挑逗。⑤詈：骂人。⑥昭阳：人名，楚国的重臣。

译文

秦王召见大臣陈轸对他说：「寡人能够听你说一下，你想去哪儿？请让我给你预备车辆马匹吧。」陈轸回答说：「我想要去楚国。」秦王说：「张仪说你会去楚国，我也知道你要这样。你除了楚国还能到哪里呢！」陈轸说：「我离开秦国，是故意一定去楚国的，以便顺应大王您和张仪的看法，以此来证明我是否要到楚国。楚国有个人娶了两位妻妾，有个人去引诱他的妻子，妻子咒骂他；挑逗他的妾，妾答应了。没过多久，有两位妻妾的那个人去世了。有位客人就问那个勾引的人：「你会娶他的妻子还是妾呢？」勾引者说道：「娶妻子。」那位客人又问：「妻子骂你，妾爱你，为何娶其妻子呢？」这个人答道：「住在别人家的时候，当然想要她答应我。但是现在是要我的妻子，却是要她为我骂别人。」如今楚王英明，相国昭阳又有贤德。我是秦国的大臣，却常告诉楚王秦国的机密，楚王肯定不会挽留我，相国昭阳也不会和我同朝共事。由此就知道我是否会去楚国。」

原文

轸出张仪入，问王曰："陈轸果安之？"王曰："夫轸天下之辩士也，孰视①寡人曰："轸必之楚。"寡人遂无奈何也。寡人因问曰："子必之楚也，则仪之言果信矣。"轸曰："非独仪之言也，行道之人皆知之。昔者，子胥忠其君，天下皆欲以为臣；孝己爱其亲，天下皆欲以为子。故卖仆妾不出里巷而取者，良仆妾也；出妇嫁于乡里者，善妇也。臣不忠于王，楚何以轸为？忠尚见弃，轸不之楚，而何之乎？""王以为然，遂善待之。

注释

①孰视：指仔细地看。

译文

陈轸走了张仪就进来，问秦王："陈轸究竟是要去哪里啊？"惠王说："陈轸，天下的雄辩之士啊，非常认真地看着我说："我必定会去楚国。"我就不知道怎么办好了。于是就问他："你必定要去楚国，这么说张仪的话果然是没错了！"陈轸却说："不仅张仪，就连路人也都知道这个。往昔因为伍子胥对他的君王十分忠诚，天下所有的国君都想让伍子胥做臣子；孝己十分敬爱孝顺他的父母，天下所有的父母都想让孝己当自己的儿子。所以，卖仆妾的时候，仆妾不出同乡就有人买，那这个仆妾就一定是好仆妾；被休掉的妇人改嫁到她的同乡，这个妇人就必然会是好女人。如果我对待大王不忠诚，楚王要我又有什么用呢？忠诚的人却被人驱逐出去，我不去楚国，又能去哪儿呢？""秦王认为是这个道理，也就善待他了。

齐助楚攻秦

原文

齐助楚攻秦，取曲沃[1]。其后，秦欲伐齐，齐、楚之交善[2]，惠王患之，谓张仪曰：『吾欲伐齐，齐、楚方欢，子为寡人虑之，奈何？』张仪曰：『王其[3]为臣约车并币，臣请试之。』

注释

①曲沃：地名，此时为秦地，位于今天的河南陕县境内。②交善：相交亲密友好。③其：委婉的语气词。

译文

齐援助楚攻打秦国，占领了曲沃。之后秦想要讨伐齐国。但齐、楚邦交友善，秦王很担心，于是就对张仪说道：『我想要攻打齐国，但是齐国与楚国正是关系密切之时，你替我想想该怎么办？』张仪说：『恳请大王您给我预备车马钱财，我前去试一下！』

原文

张仪南见楚王，曰：『弊邑之王所说[1]甚者无大[2]大王，唯仪之所甚愿为臣者亦无大大王；弊邑之王所甚憎者亦无先齐王，唯仪之甚憎者亦无大齐王。今齐王之罪，其于弊邑之王甚厚。弊邑欲伐之，而大国与之欢，是以弊邑之王不得事令，而仪不得为臣也。大王苟能闭关绝齐，臣请使秦王献商、於之地，方六百里。若此，齐必弱，齐弱则必为王役矣。则是北弱齐，西德于秦，而私商、於之地以为

利也，则此一计而三利俱至。』

注释

①说：通『悦』，即喜悦，喜爱之意。②大：大于，超过。

译文

张仪于是就到南方面见楚王说道：『我们秦国的国君敬爱的人没有谁能超过大王您，作为臣子我最想做其臣子的也没有谁超过大王您；我们秦国所最痛恨的君王没有哪个能超过齐国，而我最不愿侍奉的君主也没有能超过齐王的。如今齐国罪恶，这对秦王来说十分严重，所以我们秦国打算征讨齐国，但是贵国却与齐国相交甚欢，所以秦王无法好好听从于您，我也无法做大王您的臣子。大王如果您能与齐国闭门绝交，我会恳请秦王把方圆六百里的商、於之地献给您。这样的话，齐必然会被削弱，齐衰弱的话就必然会听从于大王您的役使。这样大王您不但削弱了北面的齐国，施惠于西面的秦国，而且还获得了商、於的土地这样的利益，如此的话一举即能三得。』

原文

楚王大说[1]，宣言之于朝廷，曰：『不谷得商、於之田，方六百里。』群臣闻见者毕贺。陈轸后见，独不贺。楚王曰：『不谷不烦一兵，不伤一人，而得商、於之地，六百里，寡人自以为智矣。诸士大夫皆贺，子独不贺，何也？』陈轸对曰：『臣见商於之地不可得，而患必至也，故不敢妄贺。』王曰：『何也？』对曰：『夫秦所以重王者，以王有齐也。今地未可得，而齐先绝，是楚孤也，秦又何重孤国？且先出地绝齐，秦计必弗为也；先绝齐后责[2]地，且必受欺于张仪。受欺于张仪，王必惋之。是西生

秦患，北绝齐交，则两国兵必至矣。』楚王不听，曰：『吾事善矣，子其弭口③无言，以待吾事。』楚王使人绝齐。使者未来，又重绝之。

①说：通『悦』。②责：通『债』，此指要债，索取。③弭口：闭上嘴巴。

译文

楚王非常开心，于是便在朝廷上宣布：『我已经得到了秦国商、於方圆六百里富饶的土地！』大臣们听了全都给楚王道贺。陈轸后来才晋见，只有他一人不道贺。楚王问：『我不用劳烦一个兵士，不会使一人伤亡，却获得了商、於方圆六百里的土地，我自认为这是非常聪明的。各位大夫都恭贺我，只有你一人不贺，这是何原因啊？』陈轸答道：『我以为大王也许不能得到商、於的土地，但是祸患却一定会降临，因此我不妄加贺喜。』楚王问：『为什么？』陈轸回答说：『秦之所以重视大王，是因为大王您有齐国。如今地还没有得到，却先与齐国断交，这样楚国就会孤立，秦国又怎能重视孤立的楚国呢？而且如果让秦先割让土地给楚国，然后楚再和齐断交的话，秦必定不会这样做；楚先跟齐断了邦交，再向秦要求割地的话，必然会被张仪所骗。被张仪骗了的话，大王您一定非常后悔；如此一来，西面就会有秦国的祸患，北面又与齐断交了，于是秦国与齐国的军队必然会攻打楚国。』楚王不听从于陈轸，说：『我的事很妥善，你就闭嘴不要再说了，等着我的好事吧！』楚王派人与齐断绝了邦交，派去绝交的人还没回来，就又派人去绝交。

原文

张仪反，秦使人使齐。齐、秦之交阴合①。楚因使一将军受地于秦。张仪至，称病不朝。楚王曰：『张子以寡人不绝齐乎？』乃使勇士往詈齐王。张仪知楚绝齐也，乃出见使者，曰：『从某至某广从②六里。』使者曰：『臣闻六百里，不闻六里。』仪曰：『仪固以小人，安得六百里？』

注释

①阴合：指暗地里结盟。②广从：宽与长，即方圆之意。

译文

张仪回去以后，秦就派人出使齐国，秦齐两国暗地里缔结同盟。楚派遣一位将军前去接收秦国土地。张仪躲避起来，声称生病了不去上朝。楚王说：『张仪难道是觉得我不会和齐国断交吗？』怀王就又派了一名勇士去咒骂齐国。张仪知道楚已经和齐断交了，就出来接见楚国的那个使臣，却说：『赠送给楚国的是从这里到那里方圆六里的土地。』楚国使者说：『我听说的是六百里，不是听说的六里啊。』张仪回答说：『我也只是很小的臣子，怎么可能是六百里呢？』

原文

使者反报楚王，楚王大怒，欲兴师伐秦。陈轸曰：『臣可以言乎？』王曰：『可矣。』轸曰：『伐秦非计也。王不如因而赂之一名都，与之伐齐。是我亡于秦，而取偿于齐也，楚国不尚全乎？王今已绝齐，而责欺于秦，是吾合齐、秦之交也，固必大伤。』楚王不听，遂举兵伐秦。秦与齐合，韩氏从之，楚兵大败于杜陵①。故楚之土壤、士民非②削弱，仅以救亡者，计失于陈轸，过听于张仪。

注释

①杜陵：楚国之地，今位于陕西洵县一带。②非：在此指不但，不仅。

译文

使者回来后把这些情况告诉楚王，楚王十分愤怒，想要发兵讨伐秦国。陈轸说：『我可以说说我的意见吗？』

楚王回答说：『可以。』陈轸说：『大王您发兵讨伐秦国并非什么妙计。大王您不如借这个机会送给秦一个大都市贿赂秦王，与秦联合攻打齐国。这样的话我们从秦那里丢失的土地可以从齐国那里补偿过来，楚国不就完好了吗？大王您如今已经与齐断绝邦交往来，却去责备秦国欺骗了你，这便等于我们在推动秦、齐两国的邦交，如此楚国就将受到重大创伤！』楚王依然没有听取，于是发兵讨伐秦国。果然，秦国与齐国组成联盟，并且韩国也跟随他们，结果在杜陵楚军遭到惨败。楚国不但国土面积、百姓被削弱了，而且是差点被灭亡了，其原因就在于不听取陈轸的进谏，却听信了张仪的诡诈之说。

楚绝齐齐举兵伐楚

原文

楚绝齐，齐举兵伐楚。陈轸谓楚王曰：『王不如以地东解于齐，西讲于秦。』楚王使陈轸之秦。秦

卞庄刺虎

王谓轸曰：『子秦人也，寡人与子故[①]也。寡人不佞[②]，不能亲国事也，故子弃寡人事楚王。今齐、楚相伐，或谓救之便，或谓救之不便，子独不可以忠为子主计，以其余为寡人乎？』陈轸曰：『王独不闻吴人之游楚者乎？楚王甚爱之，病，故使人问之曰：「诚病乎？意亦思乎？」左右曰：「臣不知其思与不思，诚思则将吴吟[③]。」今轸将为王「吴吟」。王不闻管与之说乎？有两虎争人而斗者，管庄子[④]将刺之，管与止之曰「虎者戾[⑤]虫；人者甘饵也。今两虎争人而斗，小者必死，大者必伤，子待伤虎而刺之，则是一举而兼两虎也。无刺一虎之劳，而有刺两虎之名。」齐、楚今战，战必败。败，王起兵救之，有救齐之利，而无伐楚之害。计听知覆逆[⑥]者，唯王可也。计者，事之本也；听者，存亡之机。计失而听过，能有国者寡也。故曰：「计有一二者难悖也，听无失本末者难惑[⑦]。」』

注释

①故：故交。②不佞：谦词，不才。③吴吟：即吴歌。④管庄子：又名卞庄子。⑤戾：贪暴。⑥计听知覆逆：计听，听取计谋。覆逆，事情未出现称为『覆』，事情已经完结称作

「逆」。⑦惑：乱，迷乱。

译文

楚与齐断绝邦交以后，齐国便举兵讨伐楚国。陈轸对楚王说：『大王您不如送给处于东面的齐国以土地，并与西方的秦国讲和。』楚王于是乎就让陈轸前往秦国。秦王对陈轸说：『你原本是秦人，我与你原本也有交情。可惜我没有识别之才，不能把国政处理得很好，所以你离开我去侍奉楚王。现在齐国和楚国互相征伐，有人说救助有利，有人说不救有利。你为什么不在效忠于楚国之余替我出一下主意呢？』陈轸说：『难道大王您未曾听过有个吴人到楚国为官的故事吗？楚王十分钟爱他，吴人生病了，楚王差人去问候他：「您是真的病了吗？还是因为思念故国呢？」大臣们就说：「我们不知道他思乡还是不思，如果真的思念家乡的话那么他将会唱吴歌。」现在我就将为大王您唱「吴歌」。大王没听说过管与的故事？有两只老虎因争人肉吃而争斗，管庄子将要去行刺它们，管与却制止他说：「老虎是非常贪暴的动物，人肉对于它们来说是最可口的食物，现在这两只老虎为吃人肉而争斗，那只小老虎必然会死，而大老虎必然也会受伤，你只需等着去刺杀受伤的老虎就行了！这是一举杀死两个老虎的计谋。不用耗费刺杀一只老虎的劳苦，却能得到杀了两只虎的名声。」齐、楚两国如今交战，两军交战必有战败的一方。败之后，大王就可以发兵救援，既能得到援救齐国的好处，又不会有征伐楚国造成的危害。听从好的计谋，预知反复逆顺，只有大王您能做到这一点。计策乃是行事之根本；听从良策是国家生存与灭亡的关键。听取采用错误的计策，却还能使国家得以保存很少见。所以说：「经过多次思虑的计谋很难有错，听取了解事情始末的计谋就很难被迷惑。」』

秦武王谓甘茂

原文

秦武王谓甘茂①曰：『寡人欲车通三川②以窥周室，而寡人死不朽乎。』甘茂对曰：『请之魏，约伐韩。』王令向寿③辅行。

甘茂至魏，谓向寿：『子归告王曰：「魏听臣矣，然愿王勿攻也。」事成尽以为子功。』向寿归以告王。王迎甘茂于息壤④。

注释

①甘茂：楚人，后为秦将，此时官至左丞相。②三川：为韩国地名。③向寿：秦臣，为武王的亲信之人。④息壤：秦国地名。

译文

秦武王对左丞相甘茂说：『我想取道韩地三川去窥探周王室，这样的话即使我死了也将不朽。』甘茂说：『我请求到魏国去，与魏建立盟约一起讨伐韩国。』于是，秦武王就让向寿辅助甘茂出使魏国。

甘茂到了魏国以后，对向寿说：『你回秦国对武王说：「魏国已经听从了我的计策，但是希望秦王先不要攻打韩国。」事成之后这些功劳都将归于你。』向寿返回秦国并把这些话告诉了武王。武王便在息壤迎接甘茂回来。

原文

甘茂至，王问其故，对曰：『宜阳大县也，上党、南阳积之久矣，名为县，其实郡也。今王倍数

险，行千里而攻之，难矣。臣闻张仪西并巴、蜀之地，北取西河之外，南取上庸[①]，天下不以为多张仪，而贤先王。魏文侯令乐羊将，攻中山[②]，三年而拔之。乐羊反，而语功。文侯示之谤书一箧，乐羊再拜稽首曰：『此非臣之功，主君之力也。』今臣羁旅之臣也，樗里疾、公孙衍二人者，挟韩而议，王必听之。是王欺魏，而臣受公仲侈之怨也。昔者，曾子[③]处费[④]，费人有与曾子同名族者而杀人。人告曾子母曰：『曾参杀人。』曾子之母曰：『吾者不杀人。』织自若。有顷焉，人又曰：『曾参杀人。』其母尚织自若也。顷之，一人又告之曰：『曾参杀人。』其母惧，投杼逾墙而走。夫以曾参之贤与母之信也，而三人疑之，则慈母不能信也。今臣贤不及曾子，而王之信臣又未若曾子之母也。疑臣者不适三人，臣恐王为臣之投杼也。』王曰：『寡人不听也，请与子盟。』于是与之盟于息壤。

注释

①上庸：楚地，在今湖北省竹山县西南。②中山：原本为一个小国，后被魏国所灭。③曾子：孔子的学生，名参。④费：地名，位于今山东省费县的西北方向。

译文

甘茂到了息壤之后，秦武王问他不让秦国攻打韩国的原因是什么。甘茂说：『宜阳是个大县，上党和南阳两地的财物已经在宜阳积聚了很久了，它名虽是县实际却是郡啊。如今大王要经过重重险关，走上千里的路去攻打韩国，很难啊！我听说张仪在西面兼并了巴、蜀这两个地方，北面又夺取了西河以外的土地，南面占领了上庸，天下的诸侯们并不会认为是张仪的功劳，而是觉得这是因为先王贤明。魏文侯任命乐羊为将，攻打中山，用了三年终于夺取了。乐羊领兵回到魏国就炫耀自

己的功勋。魏文侯就拿出一箱的奏折，乐羊赶紧跪下拜了又拜说：「这并不是我的功勋，而完全是大王您的功绩啊！」如今我只是一个寄居的臣子而已，樗里疾、公孙衍这两个人如果挟持韩国来议和，大王您肯定会听从他们的。这样的话大王您就会得到「欺魏」的恶名，我也会受到公仲侈的怨恨。古时曾子在费这个地方，一个与曾子同姓同名的费地人杀了人。有人就对曾母说：「曾参杀人了。」曾母说：「我儿子是不会杀人的。」曾母照旧织布。一会儿就又有人说：「曾参杀人了。」曾母接着照样织布。不久又有人告诉她说：「曾参杀人了。」曾母就有些害怕了，扔掉梭子就翻墙逃走了。曾参这么有贤德，曾母这么信任儿子，当第三个人来告诉她的时候，曾母也不能再相信他了。如今我贤能不能和曾参相比，大王也不能像曾母信任曾参一样相信我，并且猜疑我的人也远远不止三个，我担心大王您会扔掉梭子逃跑。」秦武王说：「我不会听从于别人，我希望与你建立盟约。」这样秦武王就和甘茂在息壤立下了约定。

果攻宜阳，五月而不能拔也。樗里疾、公孙衍二人在，谗争于王①。王将听之，召甘茂而告之。甘茂对曰：『息壤在彼。』王曰：『有之。』因悉起兵，复使甘茂攻之，遂拔宜阳。

①谗争于王：在武王面前进谗言。

译文

后来果然进攻宜阳，五个月了还没能夺取。樗里疾和公孙衍两个人就在武王面前进谗言。武王快要听信了，召甘茂回秦国告诉甘茂。甘茂就对秦王说道：『息壤还在那里啊！』武王也说：『是的』。因此秦王又召集所有兵力，又让甘茂攻打宜阳，终于夺取宜阳。

秦王谓甘茂

秦王谓甘茂曰：『楚客来使者多健①，与寡人争辞，寡人数穷焉，为之奈何？』甘茂对曰：『王勿患也，其健者来使者，则王勿听其事，其需②弱者来使，则王必听之。然则需弱者用，而健者不用矣，王因而制之。』

注释

①健：善辩。②需：柔软。

译文

秦王对臣子甘茂说：『楚国派遣来秦国的使臣各个都很善于辩论啊，他们常常和我争辩，使我陷入困境。我该如何才好呢？』甘茂回答说：『大王您不要忧心，如果楚国善变的使者来到我们秦国的话，您别听取他们的；软弱的使者来秦的话，您一定要听取他们的。如此楚国就会使用弱者，而善辩的使者就不再被采用，这样秦王您就可以应对制服他们了。』

甘茂亡秦且之齐

甘茂亡秦①，且之齐，出关②遇苏子③，曰：『君闻夫江上之处女④乎？』苏子曰：『不闻。』曰：『夫江上之处女，有家贫而无烛者，处女相与语，欲去之。家贫无烛者将去矣，谓处女曰：「妾以无烛，故常先至，扫室布席。何爱余明之照四壁者？幸以赐妾，何妨与处女？妾自以有益于处女，何为去我？」处女相与语以为然，而留之。今臣不肖，弃逐于秦而出关，愿为足下扫室布席，幸无我逐也。』苏子曰：『善。请重公于齐。』

①甘茂亡秦：甘茂原为秦国的重臣，官至相国，后被秦王的亲信向寿诋毁，自秦出逃。②关：指函谷关。③苏子：纵横家苏秦之弟苏代。④处女：还未嫁人的女子。

甘茂从秦国出逃将要去齐国，过了函谷关之后碰到苏代，就对苏代说：『您有没有听过那个江上还没嫁人的女子的事情？』苏代说：『未曾听过。』甘茂又说：『在江上的未婚女子当中，有一个贫穷的连蜡烛都没有的女子。其他的江上女子就互相商量想把那个贫穷的没有蜡烛的女子赶走。这个贫穷的没有蜡烛的女子打算离开了，就对其他的女子说：「我因为没有蜡烛，常常比你们早到，打扫屋室铺设席子。你们为什么非要吝惜照在四周墙壁上的一点点余光啊？如果有幸能够赐予我一点的话，又能对你们有什么妨碍呢？我自己觉得还是有益于你们的，何必一定把我赶走呢？」那些女子就又商议，觉得是这样，她就留下了。如今我不才被秦丢弃而出函谷关，我愿意为阁下您打扫屋舍铺设席子，希望我能有幸不被赶走。』苏代说：『好，我会请求齐王使齐国重用您。』

原文

乃西说秦王曰：『甘茂贤人，非恒士也；其居秦，累世重矣。自殽塞、谿谷[1]，地形险易，尽知之。彼若以齐约韩、魏，反以谋秦，是非秦之利也。』秦王曰：『然则奈何？』苏代曰：『不如重其贽[2]、厚其禄以迎之。彼来，则置之槐谷，终身勿出，天下何从图秦？』秦王曰：『善。』与之上卿，以相迎之齐。甘茂辞不往。苏秦伪谓王曰：『甘茂贤人也，今秦与之上卿，以相迎之；茂德王之赐，故不往，愿为王臣。今王何以礼之？王若不留，必不德王。彼以甘茂之贤，得擅用强秦之众，则难图也。』齐王曰：『善。』赐之上卿命而处之。

注释

①谿谷：位于今天的陕西省三元县西部一带。②贽：聘礼。

译文

于是苏代便西行拜见秦王说道：『甘茂很有贤能，并非是普通的人，受到秦国几代君王的重用。从殽塞到谿谷，对于秦国地形的险要平易，他都很清楚。如果他经由齐国与韩国、魏国建立盟约的话，这对秦国来说可不是什么好事。』秦王说：『这样的话该怎么办呢？』苏代就说：『您不如备上厚礼，以丰厚的俸禄迎接甘茂回来。他来了之后您就在槐谷软禁他，终身都不得外出，诸侯还能从哪里图谋秦国呢？』秦王说：『很好。』于是秦王就许给甘茂上卿的高职，派相国到齐国去迎接他。甘茂却

拒绝了没有前往。苏代就又去齐国游说齐王说道：『甘茂非常有贤德，如今秦国又许给他上卿这样的高职，让相国来迎接他。但是甘茂承蒙大王您的恩赐，而没有去秦国，依然想要做大王您的大臣。如今大王您怎么对待他啊？如果大王您不挽留他的话，他必定不再感激大王。以甘茂这样的贤才，如果再让他掌控了强大的秦国的军队，就很难应付了。』齐王说：『是啊。』于是就授予他上卿的高位，让他呆在齐国。

甘茂相秦

原文

甘茂相①秦。秦王②爱公孙衍，与之间有所立，因自谓之曰：『寡人且相子③。』甘茂之吏道④而闻之，以告甘茂。甘茂因入见王曰：『王得贤相，敢⑤再拜贺。』王曰：『寡人托国于子，焉更得贤相？』对曰：『王且相犀首。』王曰：『子焉闻之？』对曰：『犀首告臣。』王怒于犀首之泄也，乃逐之。

注释

①相：担任秦国的相国。②秦王：即秦武王。③且相子：将要让你做相国。且，将。④道：指在路上。⑤敢：表示谦敬之词。

译文

甘茂在秦国做丞相。秦武王喜爱公孙衍，和他私下总有话可说，于是亲自对他说：『我想让你做丞相。』甘茂的家臣偶尔听到了这番话，就告诉了甘茂。甘茂进宫拜见秦武王说：『大王得到了一个贤能的丞相，我特来拜贺。』秦武王说：『我把国家大事交付给你了，怎么又得到一个贤能的丞相呢？』甘茂回答说：『大王想让犀首做丞相。』秦武王说：『你怎么知道的？』甘茂回答说：『犀首告诉我的。』秦武王恼怒犀首泄露了秘密，就把他赶走了。

甘茂约秦魏而攻楚

原文

甘茂约[1]秦、魏而攻楚，楚之相秦者屈盖为楚和于秦。秦启[2]关[3]而听楚使。甘茂谓秦王曰：『怵[4]于楚，而不使魏制和，楚必曰：「秦鬻[5]魏。」不悦[6]而合于楚。楚、魏为一，国恐伤[7]矣。王不如使魏制和，魏制和，必悦。王不恶于魏，则「寄地」[8]必多矣。』

注释

①约：联合。②启：开启、打开。③关：关隘。④怵：通『訹』，诱惑、利诱。⑤鬻：出卖，背叛。⑥不悦：不高兴，前面省略了主语魏国。⑦伤：损伤。⑧寄地：寄放的土地，即即将割让给秦国的土地，因具体时间未定，所以称之为『寄地』。

译文

甘茂联合了秦、魏一同攻打楚国，楚国在秦国为相的屈盖主张让楚国来和秦国议和。秦国打开了关隘以接待楚国前来议和的使者。甘茂向秦王说道：『如果您接受了楚国的利诱，而不让魏国出

面讲议和之事，那样楚国必定将扬言「是秦国出卖了魏国」。魏国肯定会为此而不高兴，于是便会和楚国联合。一旦楚、魏联合在一起，恐怖秦国就得受损害了。大王您不如让魏国出面讲求议和之事，一旦魏国出面讲了议和之事后，它必定会很高兴。大王您也可以不让魏国怨恨于您，那样一来，您的「寄地」必定会很多。」（也就是说，楚、魏两国必定会多多割让土地给秦国）

秦宣太后爱魏丑夫

秦宣太后爱魏丑夫[1]。太后病将死，出[2]令曰：「为我葬，必以魏子为殉[3]。」魏子患之。庸芮为魏子说太后曰：「以死者为有知[4]乎？」太后曰：「无知也。」曰：「若太后之神灵明知死者之无知矣，何为空[5]以生所爱葬于无知之死人哉？若死者有知，先王[6]积怒之日久矣。太后救过[7]不赡[8]，何暇[9]乃私魏丑夫乎？」太后曰：「善。」乃止。

注释

①秦宣太后爱魏丑夫：这句话是说秦宣太后与下臣魏丑夫有私情。②出：发出。③殉：殉葬。④有知：有知觉。⑤空：白白地。⑥先王：指宣太后故去的丈夫。⑦救过：补救错误。⑧赡：充足，充分。⑨暇：闲暇。

秦宣太后和下臣魏丑夫有私情。宣太后生病后，快要死的时候，发出命令说：「我死了以后，

一定要让魏子为我殉葬。』魏丑夫为此十分忧虑，秦臣庸芮为魏丑向宣太后说道：『您认为人死了以后还会有知觉吗？』宣太后说：『不会再有知觉了。』庸芮说：『像太后您这样神明的人，明明知道人死了以后不会再有知觉了，为何还要白白地要让自己生前所爱的人与一个毫无知觉的死人一同下葬呢？如果说人死了以后还会有知觉的话，那先王（即宣太后的丈夫）一定早就生气至极了。太后您补救自错误尚且来不及，如何还有空暇去私爱魏丑夫呢。』宣太后听以后说：『你说的很对。』于是就撤销了要让魏丑夫殉葬的命令。

卷五 秦策三

薛公为魏谓魏冉

原文

薛公[1]为魏谓魏冉曰：『文闻秦王欲以吕礼收齐以济[2]天下，君必轻矣。齐、秦相聚，以临三晋[3]，礼必并相[4]之，是君收齐以重吕礼也。齐免于天下之兵，其仇[5]君必深。君不如劝秦王令弊邑[6]卒攻齐之事，齐破，文请以所得封君。齐破晋强，秦王畏晋之强也，必重君以取晋。齐予晋弊邑，而不能支[7]秦，晋必重君以事秦。是君破齐以为功，操晋以为重也。破齐定封[8]，而秦、晋皆重君；若齐不破，吕礼复用，子必大穷[9]矣。』

注释

①薛公：即田文，也就是孟尝君。②济：征服。③三晋：原指韩、赵、魏三国。④并相：同时担任两国的相国。⑤仇：仇恨、仇视。⑥弊邑：自己的封地，谦称。⑦支：支撑，这里是指对抗。⑧封：封地。⑨穷：困境。

译文

薛公田文为魏国对秦相魏冉游说：『我听说秦王想通过任用吕礼而去联合齐国，以便征服天下，这样以来，您的地位必定会被降低。齐、秦联合起来，将会用以威胁赵、魏、韩三国，吕礼必定会同时担任齐、秦两国的相国，这样的话，您就相当于是替吕礼联合了齐国，进而提升了吕礼的地位。如果齐国免于遭受诸侯的进攻的话，便更有余力去念及与您的私仇、加深对您的仇恨。您不如劝秦王让我们魏国去施行攻打齐国的事情。如果魏国打败了齐国。我将请求魏王将所得到的齐国的土地全都作为您的封地。如果齐国被魏国打败的话，魏国的国力就会强盛起来，秦王将会为此感到担忧，魏国强盛的话，必定将借重您前去和魏国联合。齐国为了将魏国陷入困境，自身已经已经疲惫不堪，无法和秦国抗衡，那样的话魏国也必将会借重您去侍奉秦国。这样以来，您既有了打败齐国的功劳，又依凭魏提升了自己的地位。如果打败齐国的话，您便会有自己的封地，而且秦、魏两国都将看重您；如果没有打败齐国，吕礼就在齐国将会被再度重用，而您一定会被陷入到极大的困境中去呀。」

秦客卿造谓穰侯

原文

秦客卿造①谓穰侯②曰：『秦封君以陶③，藉君天下数年矣。攻齐之事成，陶为万乘，长小国④，率以朝天子，天下必听，五伯⑤之事也；攻齐不成，陶为邻恤⑥，而莫之据也。故攻齐之于陶也，存亡之机也。君欲成之⑦，何不使人谓燕相国曰：圣人不能为时，时至而弗失。舜虽贤，不遇尧也，不得为天子；汤、武虽贤，不当桀、纣不王⑧。故以舜、汤、武之贤，不遭时不得帝王。

注释

①客卿造：名叫造的客卿。②穰侯：即魏冉。③陶：秦地名，穰侯的封地，位于今山东定陶的西北方向。④长小国：指领导小国。⑤五伯：指春秋五霸。伯，指年长的，大的，引申为强大的。⑥邻恤：被邻国所觊觎。⑦之：代词，指代攻打齐国之事。⑧王：称王。

舜

舜，传说中的上古帝王名，父系氏族社会后期部落联盟领袖。姚姓，有虞氏，名重华，史称虞舜。相传因四岳推举，尧命他摄政。尧去世后继位，又咨询四岳，挑选贤人治理民事，并选拔治水有功的禹为继承人。

译文

秦国的客卿造对穰侯说：『秦国把陶邑封给您，由您执政已经好几年了。进攻齐国的事情如果能够成功，陶邑就相当于拥有万辆兵车的大国了，可以成为小国的首领，率领他们聚合诸侯一定会听命，这可以同春秋五霸相比啊；如果进攻齐国的事情万一失败，陶邑被邻国所觊觎，就会无所依托。所以进攻齐国对于陶邑来说，是生死存亡的关键。您如果想让这事成功，何不派人对燕相国说：圣人不能创造时机，但时机来了却不放过。舜虽然贤能，如果不是遇上唐尧，也不能成为天子；商汤、周武虽然贤能，如果不是处在夏桀、殷纣那个时候，也不能称王天下。所以凭着虞舜、商汤、周武这样的贤人，如果不是碰上好时机也不能成为帝王。

原文

『令[①]攻齐，此君之大时也已。因[②]天下之力，伐雠国[③]之齐，报惠王之耻，成昭王之功，除万世之害，此燕之长利，而君之大名也。《书》云，树德莫若滋，除害莫如尽。吴不亡越，越故亡吴[④]；齐不亡燕，燕故亡齐[⑤]。齐亡于燕，吴亡于越，此除疾不尽也。以非此时也，成君之功，除君之害，秦卒有他事而从齐，齐、赵合，其雠君必深矣。

注释

①令：如果，假设。②因：凭借。③雠国：敌国。④吴不亡越，越故亡吴：指当年吴王夫差战胜越国，吴王没有杀越王勾践，后来吴王为越王勾践所杀，并灭国。⑤齐不亡燕，燕故亡齐：齐国击败燕国，三十年后齐国又被燕王攻破。

译文

『现在进攻齐国，这是您的大好时机啊。凭借诸侯的力量，讨伐齐国，报复惠王的耻辱，完成昭王的功业，铲除万世的祸害，这是燕国的长远利益，也是您个人的好声誉。《尚书》上说：做好事越多越好，除祸害越彻底越好。吴国没有灭亡越国，越国反而灭亡了吴国；齐国没有灭亡燕国，燕国反而控制了齐国。齐国被燕国控制，吴国被越国灭亡，这都是因为铲除祸根不彻底的缘故。不在这个时候成就您的功名，铲除您的祸害，那么一旦秦国突然发生变故，而与齐国联合，齐、赵两国又联合起来，他们就会更加仇恨您了。

原文

『挟君之雠以诛①于燕，后虽悔之，不可得也已。君悉燕兵而疾攻之，天下之从君也，若报父子之仇。诚能亡齐，封君于河南②，为万乘，达途于中国，南与陶为邻，世世无患。愿君之专志于攻齐，而无他虑也。』

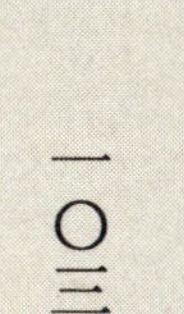

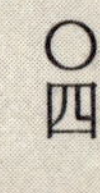

注释

①诛：在此指讨伐。②河南：黄河以南。河，特指黄河。

译文

『如果让秦国携同齐国来讨伐燕国，到那时，就后悔莫及了。如果您动员燕国所有的兵力去消灭齐国，诸侯一定像报父子之仇一样来响应您。如果真能消灭齐国，把黄河以南的土地封给您，您将等同于拥有万辆兵车的大国，身居中原，四通八达，南面和陶邑为邻，世世代代没有忧患。希望您专心进攻齐国，不要有别的想法。』

魏谓魏冉

原文

魏谓魏冉曰：『公闻东方之语[1]乎？』曰：『弗闻也。』曰：『辛张、阳毋泽说魏王、薛公、公叔也，曰：「臣战载主[2]契国以与王约[3]，必无患矣。若有败之者，臣请挈领[4]。然而臣有患也。夫楚王之以其臣请挈领然而臣有患也[5]。夫楚王之以其国依冉也，而事臣之主，此臣之甚患也。」今公东而因言于楚，是令张仪之言为禹[6]，而务败公之事也。公不如反公国，德楚而观薛公之为公也；观三国之所求于秦而不能得者，请以号三国以自信[7]也；观张仪与泽之所不能得于薛公者也，而公请[8]之以自重[9]也。』

注释

①东方之语：山东各国的议论。②主：木主，这里是指祖宗的牌位，表示决心和诚意。③约：盟约。④挈领：挈，通『断』，领即颈。意思是自刎而死。⑤夫楚王之以其臣请挈领然而臣有患也：这句话应为衍文。⑥禹：即大禹，意思是说让张仪的预言如同大禹的话语一样灵验。⑦自信：使其相信自己。⑧请：代人提出请求。⑨自重：使自己得到重视、重用。

译文

魏文对魏冉说：『您听到山东各国的议论了吗？』魏冉说：『没有听到什么呀。』魏文说：『辛张、阳毋泽一同游说魏王、薛公、公叔说：「我们现在已经用车子载着祖宗的牌位，举行祭祀大礼以表示诚意和决心，用来代表本国和大王订立盟约，以后必定不会有什么祸端了。如果我们破坏盟约，我们便会主动要求刎颈自杀。但是，我们还有这么一个顾虑。楚国现在对秦国的魏冉非常信赖，将国家大事都交给他裁断处决，这令我们十分忧虑。」如今您要到楚国去，与他们进行会谈，这岂不正好证明了辛张、阳毋泽他们的预言如同大禹占卜一样灵验吗？而且很快便将破坏您的大事呀。不如您现在返回到秦国，仍旧和楚国保持友好关系，静观薛公他们将会对您采取什么态度；再观察一下魏、齐、韩三国对秦国究竟还有那些要求现在还未得以满足，您就让他们全都公开提出来，让他们相信咱们秦国，同时也观察一下辛张，阳毋泽他们究竟还有那些要求现在还未从薛公那儿得以满足，您就替他们向薛公提出这些要求。这样的话，您就可以在各国之间处于举足轻重的地位了。』

谓魏冉曰和不成

谓魏冉曰：『和①不成，兵必出。白起者且复将②。战胜，必穷公；不胜，必事赵。从公，公又轻。公不若毋多③，则疾到。』

注释

①和：议和。②将：率领出兵，动词。③毋多：不要考虑哪么多，指致力于求和。

译文

有人对魏冉说道：『如果您主张和赵国议和的话，一旦议和不成功，那必定会出兵。如果出兵的话，白起又将重新率兵出战。如果秦国战胜了赵国，因为您原本是主张议和的，那形势就会对您不利；如果秦国被赵国打败，秦国就必须要得听从于赵国。如果到那时您再同意议和的话，您就将会被人看轻。您现在还是不要顾虑那么多了，应当致力于议和，那样赵国就会很快归服于秦国的。』

范子因王稽入秦

范子①因王稽入秦，献书昭王曰：『臣闻明主莅正②，有功者不得不赏，有能者不得不官；劳大者其禄厚，功多者其爵尊；能治众者其官大，故不能者不敢当其职焉，能者亦不得蔽隐。使以臣之言为可，则行而益利其道；若将弗行，则久留臣无为也。

注释

①范子：即范雎，魏国人，战国时期有名的雄辩之才，被魏相国谋害几乎致死，后被人救入秦，很受重视。②正：通『政』，执政。

译文

范雎经由王稽进入秦国，向秦昭王上书进谏道『我听闻明君在位执政的话，对于建立功勋的人不会不进行奖赏，对于有才能的人不会不给他官做；比较劳苦的人，得到的俸禄就比较深厚，建立的功勋多的人，得到的爵位也会比较高；治理民众能力强的人，担任的官职也就会比较大，所以不是真有才能的人就不敢担任职务，而真正有才能的人，也绝对不会被埋没。如果您认为认可我的话，那么按照这个来实行，将会对国家执政更为有利；如果您将不使我的话得以实行，那么我在秦国长时间的停留也没什么用。

原文

『语曰：「人主赏所爱而罚所恶；明主则不然，赏必加于有功，刑必断于有罪。」今臣之胸不足以当椹质[①]，要不足以待斧钺，岂敢以疑事尝试于王乎？虽以臣为贱而轻辱臣，独不重任臣者后无反覆于王前耶？臣闻周有砥厄，宋有结绿，梁有悬黎，楚有和璞[②]，此四宝者，工之所失也，而为天下名器。然则圣王之所弃者，独不足以厚国家乎？臣闻善厚家者，取之于国；善厚国者，取之于诸侯。天下有明主，则诸侯不得擅厚矣。是何故也？为其凋荣也。良医知病人之死生，圣主明于成败之事，利则行之，害则舍之，疑则少尝之，虽尧、舜、禹、汤复生，弗能改已。

注释

①椹质：也作『砧质』，指古代杀人用的垫板。②砥厄、结绿、悬黎、和璞：都是玉的一种，十分珍贵。

译文

『俗话说：「普通的君主会对他喜欢的人进行奖赏，而对其憎恶的人进行惩罚。英明的君主却不是如此，奖赏必然会给于有功之臣，惩罚必然会施加于有罪之人。」如今我的胸膛不足以抵挡砧板，腰身也不足以承受斧钺。我哪里敢拿犹疑的主张来让大王进行尝试呢？虽然有人因为我出身卑贱而轻视侮辱我，但是大王您对予推荐我的人也不重视吗，难道他会在秦王您面前反反复复吗？我听说周王室拥有砥厄，宋国拥有结绿，梁国拥有悬黎，楚国拥有和氏璧，这四种珍奇的宝玉，虽然工匠们最初都无法辨认，但是后来它们还是成为天下十分有名的宝器？由此观之，难道圣明的君主所舍弃的人，就无法对国家有巨大贡献吗？我曾听闻擅长使家庭富裕的人，要从国家获取；擅长富强国家的人，要从其他诸侯那里获取。如果天下拥有了贤明的君主，诸侯就将无法使自己国家的富强了。这是何原因呢？因为有凋零的就必然有繁盛的。医术高超的医生能够预测病人的生存与死亡，圣明的君主能够预测事情的成功还是失败。做事如果有好处就去实行它，如果有害就舍弃它，如果有疑惑的话就稍稍尝试一下，即使尧、舜、禹、汤能够死而复生，这个道理也不会被改变。

原文

『语之至者，臣不敢载之于书；其浅者又不足听也。意者臣愚而不阖于王心耶？已其言臣者将贱而不足听耶？非若是也，则臣之志，愿少赐游观之间，望见足下而入之。』

书上，秦王说①之，因谢王稽，使人持车召之。

注释

①说：通『悦』，高兴，愉悦。

译文

『话语中的极致，我不敢把它书写在信上；话语中粗浅者，又不足以让人听信。可能是由于我比较愚钝，不能使自己的话合乎大王的心意，也可能是由于举荐我的人身份卑贱，不足于使大王听信。倘若不是这样的话，我希望大王能稍稍赐予我一点游览观赏的时间，希望能够拜见大王您入朝觐见。』谏书呈上之后，秦王十分高兴，于是就向王稽致谢，派人用专车召见范雎入宫。

范雎至秦

原文

范雎至秦，王庭迎。谓范雎曰：『寡人宜以身受令①久矣，今者义渠②之事急，寡人日自请太后；今义渠之事已，寡人乃得以身受命。躬窃闵③然不敏。』敬执宾主之礼，范雎辞让。是日见范雎，见者无不变色易容者。秦王屏左右，宫中虚无人。秦王跽④而请曰：『先生何以幸教寡人？』范雎曰：『唯唯。』有间，秦王复请。范雎曰：『唯唯。』若是者三。

注释

①受令：接受教诲，是对范雎的恭敬。②义渠：当时西部的一个部落。位今天的宁夏、陕西、甘肃一带。

磻溪垂钓

吕尚是周朝的开国元勋，本为姜姓，因先祖封于吕，故以吕为氏，又称太公望。相传吕尚未遇周文王时，曾在渭水垂钓。

③闵：迷惑不清。④跪：古人的一种坐姿，双膝跪地，坐在脚跟上。

译文

魏人范雎来到秦国，秦王亲自在庭院里迎接他。秦王对魏人范雎说：『我想要亲自领受您的赐教已经很久了，只是近日急于处理义渠国的事情，我还要天天亲自向太后请安；此刻义渠国的事情终于已经处理完了，这才有机会亲自听取您的赐教。我私下深知自己很迷惑、不聪敏。』秦王非常恭敬的为范雎表示宾主之礼仪，范雎推辞谦让。这些日子以来看见范雎的人，没有一个脸色没有改变流露出敬仰之情的。秦王屏退左右，宫殿内除了他们两个以外再无他人。秦王跪身请求道：『先生您将用什么来赐教于我呢？』范雎只是『是是』这样子回答了两声。片刻之后，秦王又一次地请求赐教，范雎又说『是是』。一连好几次都是这个样子。

原文

秦王跽①曰：『先生不幸教寡人乎？』范雎谢曰：『非敢然也。臣闻始时吕尚之遇文王也②，身为渔父，而钓于渭阳之滨耳，若是者交疏也。已，一说而立为太师，载与俱归者，其言深也。

故文王果收功于吕尚，卒擅天下，而身立为帝王。即使文王疏吕望而弗与深言，是周无天子之德，而文、武无与成其王也。今臣羁旅之臣也，交疏于王，而所愿陈者皆匡君之事，处人骨肉之间，愿以陈臣之陋忠，而未知王心也，所以王三问而不对者是也。

注释

①跽：与跪相似，也是席地而坐，但是臀部不再坐在脚上，上身直立。②吕尚之遇文王也：吕尚，姜太公，姜子牙。文王，周文王。即姜子牙曾辅佐周文王伐纣，后辅佐文王之子武王伐商建立周朝。

译文

秦王又上身直立更加恭敬地恳请道：『先生您难道不想赐教于我了吗？』范雎拜谢说：『我并不敢如此。我曾听闻姜太公吕尚遇到周文王之前，只是一个渔夫而已，当时他只是在渭河边垂钓而已，这两个人交情是如此疏浅。后来吕尚一向文王进言就被封立为太师，与周文王一起乘车归去，这是因为吕尚的话已经深为文王所认可。因此周文王果真因为重用了吕尚而立下了功业，最终统领天下，自己也成了天下的帝王。假若让文王疏离吕尚，吕尚也不会向他进言，这样周朝也不会有天子的圣德了，周文王、周武王也成不了帝王之业。如今我仅仅是一个客居秦国的人而已，与大王交情十分疏浅，但是我想要说的又都是匡正秦王您的朝廷政务的事。我处于秦王您与您的骨肉至亲之间，我原本打算言述我的愚笨的忠诚，但是又不清楚大王的想法怎样，因此秦王您问了我好几次我都未能回答。

原文

『臣非有所畏而不敢言也，知今日言之于前，而明日伏诛于后。然臣弗敢畏也。大王信行臣之言，

死不足以为臣患，亡不足以为臣忧，漆身而为厉，被发而为狂，不足以为臣耻。五帝[①]之圣而死，三王[②]之仁而死，五伯[③]之贤而死，乌获[④]之力而死，贲、育[⑤]之勇焉而死。死者，人之所必不免也，处必然之势。可以少有补于秦，此臣之所大愿也，臣何患乎？

注释

①五帝：指在中国历史上早期非常贤明的五位帝王，分别是黄帝、颛顼、帝喾、尧、舜。②三王：战国之前的三个朝代（夏、商、周）贤明的帝王，即夏禹、商汤、周文王。③五伯：即春秋时期的五位霸主。④乌获：秦武王时期非常有名的大力士。⑤贲、育：非常骁勇的两位勇士，即孟贲和夏育。

译文

『我并非有些害怕才不敢向您进言的，我很清楚我今天在大王您面前进言，也许明日就会被诛杀。但是我并不害怕被诛杀，只要大王您能听信并按照我所说的去做，即使是死我也不会害怕；即使是流放逃亡我也不会忧心；即使满身都长了癞子，成了披头散发的疯子，我也不会觉得耻辱。即使是三皇、五帝、五霸这样的圣贤之人也终究会死亡；即使乌获这样富有力量的人，像孟贲、夏育这样勇敢的人也终究会死亡。死，是每个人都无法避免的，是无法更改的必然趋势。能够稍稍对秦国有所增益，这是我最大的愿望，我还担心什么呢？

原文

『伍子胥橐载而出昭关，夜行而昼伏，至于蔆水[①]，无以饵其口，坐行蒲服，乞食于吴市，卒兴吴国，阖庐[②]为霸。使臣得进谋如伍子胥，加之以幽囚，终身不复见，是臣说之行也，臣何忧乎？箕子、接

舆[3]漆身而为厉，被发而为狂，无益于殷、楚。使臣得同行于箕子、接舆，漆身可以补所贤之主，是臣之大也，臣又何耻乎？臣之所恐者，独恐臣死之后，天下见臣尽忠而身蹶也，是以杜口裹足莫肯即秦耳。足下上畏太后之严，下惑奸臣之态，居深宫之中，不离保傅之手；终身闇惑，无与照奸，大者宗庙灭覆，小者身以孤危。此臣之所恐耳。若夫穷辱之事、死亡之患，臣弗敢畏也。臣死而秦治，贤于生也。』

注释

①蓤水：即溧水，源出安徽芜湖，经江苏入太湖。②阖庐：吴国君主，春秋末年在伍子胥的帮助下复兴了吴国。③箕子、接舆：是指两位狂人。箕子，商纣王的叔父，因为不满纣王的昏庸无道而假装癫狂；接舆，楚国人，也因对当时的政治不满而佯装癫狂。

译文

『忠义之臣伍子胥是躲在袋子里被人用车拉出昭关逃离出国的，他晚上行路，白天躲起来，到了蓤水，就没有什么吃的了，他双膝跪地爬行，在吴市乞讨，最终吴国得以复兴，帮助吴王阖庐建立了霸主之业。如果能让我像伍子胥一样进谏，即使被囚禁起来，到死都不能再见到大王，只要我的谋略能够得以实行，我又有什么可担心的呢？当初纣王的叔叔箕子，楚国的接舆，漆身为癞，披散着头发佯装为癫狂，却始终不能对殷、楚有所裨益。即使让我遭受箕子、接舆的漆身为癞之苦，只要能够对您有所裨益，这就将是我最为荣耀的事情，我又有何羞耻啊？我所忧患的只是，恐怕在我死之后，天下之人看着我因为向大王尽忠而身死，以至于天下之人都闭口裹足不愿来秦国。大王您

对上害怕太后的威严，对下又被奸诈臣子的谄媚之态所迷惑，居住在幽深的宫中，不能独立，脱离太保太傅之手，一生都糊糊涂涂，不能分辨奸邪。从大处来说将会使得国家社稷覆灭，从小处来说将会使您自己孤立、危险。这是我最为担心的。而我自身的穷困、耻辱，死与逃亡，这些我都不会畏惧。如果我死了，但是秦国得到了很好的整治，这比让我活着更有意义。』

原文

秦王跽曰：『先生是何言也！夫秦国僻远，寡人愚不肖，先生乃幸至此，此天以寡人慁[①]先生，而存先王之庙也。寡人得受命于先生，此天所以幸先王而不弃其孤也，先生奈何而言若此？事无大小，上及太后，下至大臣，愿先生悉以教寡人，无疑寡人也。』范雎再拜，秦王亦再拜。

注释

①慁：劳烦。

译文

秦王挺直上身跪着说：『先生为何会说出这种话呢？秦国非常偏远，我又比较愚钝缺乏才能，有幸先生您来到秦国，此乃天意让我劳烦先生赐教，以保存先王的功业。我能得到先生您的赐教，这是上天对先王的恩幸，不丢弃我。先生怎么能够这样说呢？从今以后事情无论大小，上至太后，下及大臣，希望先生您都能予以赐教，一定不要对我有什么怀疑。』范雎于是又一次向秦王拜谢致礼，秦王也又一次地回拜。

原文

范雎曰：『大王之国，北有甘泉、谷口[①]，南带泾、渭[②]，右陇、蜀，左关[③]、阪，战车千乘，奋击百万，以秦卒之勇，车骑之多，以当诸侯，譬若驰韩卢[④]而逐蹇兔[⑤]也，霸王之业可致。今反闭而不敢窥兵于山东者，是穰侯为国谋不忠，而大王之计有所失也。』

注释

①甘泉、谷口：甘泉，山名；谷口，又名冶谷。甘泉和谷口分别位于今天的陕西省淳化的西北和礼泉的东北方向。②泾、渭：水名，即泾水、渭水。③关：在此特指函谷关。④韩卢：韩国的凶猛之犬。⑤蹇兔：跛脚的兔子。

译文

范雎说道：『秦王您的国家，在北面有甘泉山、谷口，南面有泾水和渭水，右边是陇山和蜀这样的多山之地，左边是函谷关、陇阪。有上千辆的战车，奋勇杀敌之兵士百万，凭借秦兵之骁勇，战车兵马之富足，用这些来抵挡诸侯，就好像是用韩国的猛犬追跛脚的兔子一样，霸主之业很容易就可以建立。如今秦王您反而闭国不敢对山东诸国发兵，这是因为穰侯对秦国谋划不够忠诚，大王您也有失当之处。』

原文

王曰：『愿闻所失计。』雎曰：『大王越韩、魏而攻强齐，非计也。少出师则不足以伤齐，多之则害于秦。臣意[①]王之计，欲少出师，而悉韩、魏之兵则不义矣。今见与国之不可亲，越人之

国而攻，可乎？疏于计矣。昔者齐人伐楚，战胜，破军杀将，再辟地千里，肤寸[2]之地无得者，岂齐之欲地哉？形弗能有也。诸侯见齐之罢露，君臣之不亲，举兵而伐之，主辱军破，为天下笑。所以然者，以其伐楚而肥韩、魏也。此所谓「藉贼兵而赍盗食[3]」者也。王不如远交而近攻，得寸则王之寸，得尺亦王之尺也。今舍此而远攻，不亦缪乎？且昔者，中山之地方五百里，赵独擅之，功成、名立、利附，则天下莫能害。今韩、魏中国之处，而天下之枢也。王若欲霸，必亲中国而以为天下枢，以威楚、赵。赵强则楚附[4]，楚强则赵附，楚、赵附则齐必惧，惧，必卑辞重币以事秦，齐附，而韩、魏可虚也。』王曰：『寡人欲亲魏；魏多变之国也，寡人不能亲。请问亲魏奈何？』范雎曰：『卑辞重币以事之，不可；削地而赂之，不可；举兵而伐之。』于是举兵而攻邢丘，邢丘拔，而魏请附。

注释

①意：猜测，忖度。②肤寸：古代两个很小的度量单位。③藉贼兵而赍盗食：借武器给贼，送粮食给盗。藉，通『借』；即兵，兵器；赍，赠送，给予。④附：依附，附属。

译文

秦王说：『我愿意听听我究竟有何失当之处。』范雎回答说：『大王您越过韩国和魏国去出兵攻打强大的齐国，这并非是什么妙计。发兵少的话不足以使齐国受到创伤，多的话就会伤害到秦国自己。我揣测大王您的计谋是少发兵，用尽韩国、魏国所有的兵力，这是不合乎道义的。如今就看出这两个盟国并不可靠，穿越他国去攻打齐国，可以吗？用计疏忽啊！以前齐国攻打楚国，战争取得了胜利，攻破敌军，杀了敌国的将领，又开辟了千里的国土，但是最后连一寸土地都没有得到，这难道是因为齐国不想得到土地吗？形势使得它不能得到而已。其他诸侯国见齐军已经十分疲惫了，君主和臣子之间的关系也不好，就发兵攻打齐国，结果国君受到了侮辱，军队也被攻破，天下人都嘲笑它。因为什么呢，齐国讨伐楚国，却让韩国和魏国强大了。这就是「借武器给贼，送粮食给盗」啊。秦王您不如与较远的国家建立邦交，而攻打相近邻的国家。哪怕只是得到一寸的土地也是秦王您自己的土地，哪怕只是一尺的土地也是秦王您的土地。如今您舍弃这个而去攻打遥远的国家，不是很荒谬吗？并且以往中山这个地方的土地有方圆五百里，唯有赵国一国霸占，功业建成，名声确立，利益相伴，天下诸侯没有谁能损害它。如今韩国和魏国都处于诸侯国的中间地带，是整个天下的枢纽。秦王您想成为霸主的话，就必须对韩、魏这样的处于中间的枢纽之国友善，以此来对楚国和赵国构成威胁。倘若赵国强大的话，楚国就会依附于秦国，如果楚国强大的话，赵国就会依附秦国，一旦楚国、赵国依附于我们秦国，齐国就会畏惧担心。畏惧我们的话，对秦国就会很卑微地说话，送来厚重的礼物以侍奉秦国。到时候如果齐国依附于我们的话，韩国和魏国也就没有实力了。」秦王说：「我原本想亲近魏国，但是魏国又是个经常发生变化的国家，我无法亲近它。如果想要亲近魏国的话，该怎么办啊？」范雎回答说：「对魏国十分卑微地说话，送去重金给它，不可以；割让国土贿赂它，也不行。应该发兵攻打它。」因此秦国就发兵进攻魏国的邢丘之地，邢丘被攻破了，魏国就请求依附于秦国。

原文

曰：『秦、韩之地形，相错如绣。秦之有韩，若木之有蠹，人之病心腹。天下有变，为秦害者，莫大于韩，王不如收韩。』王曰：『寡人欲收韩，不听，为之奈何？』范雎曰：『举兵而攻荥阳①，则成皋之路不通；北斩太行之道，则上党之兵不下。一举而攻荥阳则其国断而为三。魏、韩见必亡，焉得不听？韩听，而霸事可成也。』王曰：『善。』

注释

①荥阳：为韩国的地名，位于今天的河南省荥阳一带。

译文

范雎对秦王说：『秦国与韩国的地理形势，就像相互交织的刺绣一样。韩国对秦国来说就像树木上有了虫子，人的心腹出了问题一样。天下如果有什么变故的话，没有哪个国家能超过韩国对我们的祸害，大王您不如攻打收取韩国。』秦王说：『我想要收取韩国，但是如果韩国不听从于我，那该拿它怎么办才好啊？』范雎回答说：『发兵攻打韩国的荥阳，这样就会使得成皋的路不能通行；在北面把太行山的道路斩断，上党的军队也就过不来了。这样一个攻打荥阳的举动就会使韩国分成三段。魏国、韩国看到必然会灭亡，又怎么会不听顺于我们呢？一旦韩国听顺于我们了，霸王的功业就可以造就了。』秦王说：『妙。』

范雎曰臣居山东

范雎曰：『臣居山东，闻齐之内有田单，不闻其有王；闻秦之有太后、穰侯、泾阳、华阳，不闻其有王。夫擅国之谓王，能专利害之谓王，制杀生之威之谓王。今太后擅行不顾，穰侯出使不报，泾阳、华阳[1]击断无讳。四贵备而国不危者，未之有也。为此四者，下乃所谓无王已。然则权焉得不倾，而令焉得从王出乎？臣闻善为国者，内固其威，而外重其权。穰侯使者操王之重，决裂诸侯，剖符[2]于天下，征敌伐国，莫敢不听；战胜攻取，则利归于陶，国弊御于诸侯；战败则怨结于百姓，而祸归社稷。《诗》曰：「木实繁者披[3]其枝，披其枝者伤其心，大其都者危其国，尊其臣者卑其主。」淖齿管齐之权，缩闵王之筋，县之庙梁，宿昔而死。李兑用赵，减食主父，百日而饿死。今秦太后、穰侯用事，高陵、泾阳佐之，卒无秦王。此亦淖齿、李兑之类已。臣今见王独立于庙朝矣。且臣将恐后世之有秦国者非王之子孙也。』秦王惧，于是乃废太后，逐穰侯，出高陵，走泾阳于关外。昭王谓范雎曰：『昔者齐公得管仲，时以为仲父，今吾得子，亦以为父。』

注释

①泾阳、华阳：泾阳君、华阳君，分别为秦昭王的弟弟和舅舅。②符：古代君主下达命令的凭证兵符。③披：压弯，折断。

范雎说：『我居住在山东的时候，听说过齐国有田单，却未曾听闻过齐王；听说过秦国有太后、

范雎登途遇友

据传范雎与须贾使齐，不卑不亢，维护了魏国的尊严。但须贾嫉妒他的功劳，在宰相魏齐面前诬陷范雎泄露国家机密，魏齐将范雎下狱，严刑拷打。后范雎诈死逃生，历经艰难险阻，两次投宿都被主人赶出。后来投宿在故友朱士辉家中，朱士辉劝其入秦。范雎到秦国后，官至相国，建功立业。

相国穰侯、泾阳君、华阳君，却没有听说过秦王。能掌控国权的称为君王，能独握机密的称为君王，能管制生杀大权的称为君王。可如今秦国却是太后擅自行动而无所忌讳，相国穰侯出使他国不向上报告，泾阳君和华阳君处理事情完全不避讳。有了这样的四位显贵之人却还没有危险，这样的国家是不存在的。秦王您处于这四人之下，因此我才会说秦国没有大王。这样的话国政大权怎么可能不旁落，而政令又怎能听从大王呢？我听说善于治理国家的国君，对内会巩固自己的威信，对外会扩充自己的权势。相国穰侯出使操控了大王您的权力，与天下诸侯绝交，结盟，征讨敌国，没有人敢不听从。如果打了胜仗攻破敌国，利益都被他送到陶地，国力就会变得疲惫，受到其他诸侯的制约；如果战败的话就会被百姓怨恨，祸害国家社稷。《诗经》有言：「果实太多就会把树枝压折了，树枝压断了就会损伤根本；诸侯扩大了城邑就会危及国家，大臣被过分尊重国君地位就会受到轻视。」淖齿掌控了齐国的大权，闵王就被抽了筋，并被悬吊在庙堂的梁上，一夜之间就死了。李兑操纵赵国，给赵主父缩减饭食，百天就被饿死了。如今秦国的太后、穰侯控

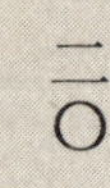

权，高陵、泾阳又加以辅助，最终就没有人知道大王了。他们都是淖齿、李兑这一类的人，今天我还能看到大王您孤立于朝堂之上，我害怕万世之后的秦国将不再是秦王您的子孙在掌权。』秦王十分害怕，于是就废除了太后，驱逐相国穰侯，赶走了高陵君、泾阳君到函谷关之外。秦王对范雎说：『以前春秋时期齐桓公得到管仲，当时的人把他当做「仲父」，我今日得到了先生您，也是把您当做我的「叔父」啊！』

应侯谓昭王

原文

应侯①谓昭王曰：『亦闻恒思有神丛②与？恒思有悍少年，请与丛博③，曰：「吾胜丛，从籍④我神三日；不胜丛，从困我。」乃左手为丛投，右手自为投。胜丛。丛籍其神。三日丛往求之，遂弗归。五日而丛枯，七日而丛亡。今国者王之丛，势者王之神，籍人以此，得无危乎？臣未尝闻指大于臂，臂大于股。若有此，则病必甚矣。百人舆瓢而趋，不如一人持而走疾。百人诚舆瓢，瓢必裂。今秦国，华阳用之，穰侯用之，太后用之，王亦用之。不称瓢为器则已，已称瓢为器，国必裂矣。

注释

①应侯：即范雎。②恒思有神丛：恒思，地名；神，神祠；丛，丛林。③博：指掷骰子赌博。④籍：通『借』。

译文

应侯范雎对秦昭王说：『大王您也听说过恒思这个地方的丛林里有个神祠吗？恒思有个非常顽劣的少年，请求与神祠的祠主丛玩掷骰子。这个少年说：「我胜了祠主您的话，您就把丛神借给我三天；我要是输了，祠主您可以把我陷于困境。」于是少年就左手替祠主掷骰子，右手给自己掷。后来少年胜了祠主，祠主就把丛神借给了少年三天。三天后，祠主就去向少年索要丛神，少年却不归还。五天后这片丛林就枯萎了，七天后丛林死掉了。现在秦国就是大王您的丛林，权势就是大王您的丛神，把这些借给他人，能没有危险吗？我未曾听说过手指比胳臂还要大，胳臂比大腿还要大的。假若存在这种情况的话，那么国家的弊病就太严重了。上百个人扛着一个瓢急走的话，还不如一个人带着它跑得快。果真是百人背着一个瓢的话，瓢一定会被弄裂。如今的秦国，华阳君掌控着国权，穰侯掌控着国权，太后掌控着国权，大王您也掌控着国权。不把瓢当做容器的话也就算了，如果把瓢当做容器的话，国家肯定会分裂。

原文

『臣闻之也，「木实繁者枝必披，枝之披者伤其心，都大者危其国，臣强者危其主。」其令邑中自斗食①以上，至尉、内史②及王左右，有非相国之人者乎？国无事则已，国有事臣必闻见王独立于庭也。臣窃为王恐，恐万世之后有国者非王之子孙也。

注释

①斗食：代指享用很低俸禄的官员。②尉、内史：均是比较高的职位，分别是管理军队和京城的

官员。

译文

『我听说：「果实太多就会把树枝压折了，树枝压断了就会损伤根本；诸侯扩大了城邑就会危及国家，大臣被过分尊重国君地位就会受到轻视。」现在的秦国下至享用斗食俸禄的小吏，上至国尉、内史乃至大王您的左右侍臣，有不是相国的亲信之人的吗？秦国如果没有什么政治变故的话则算了，如果发生什么变故的话，我必然会听闻看到大王孤立于朝廷。我私下里为大王您担忧，害怕万世之后的秦国将不再是秦王您的子孙在掌权。

原文

『臣闻古之善为政也，其威内扶，其辅外布，四①治政不乱不逆，使者直道而行，不敢为非。今太后使者分裂诸侯，而符布天下，操大国之势，强征兵，伐诸侯。战胜攻取，利尽归于陶，国之币帛竭入太后之家，竟内之利，分移华阳。古之所谓危主灭国之道必从此起。三贵竭国以自安，然则令何得从王出，权何得毋分？是我王果处三分之一也。』

注释

①四：一说应为『而』，在此按『而』解。

译文

『我听说古时善于处理国政的君主，他在国都之内控制着国家的权威，他的辅助之臣分布于国都之外。如此国家的政治就不会混乱和发生叛逆，臣子办事就会按规章来做，不敢违乱法纪。如今太

后的使臣，到处分裂天下诸侯。他们的兵符遍布天下，操纵大国的权势，强制性地征集兵士，征讨各个诸侯。战胜攻取了敌国的话，所得到的利益都归入了穰侯的封地陶邑，国家的货币全都送到了太后家里，国家内部的财物都转到了华阳君那里。古人所说的危害君王，灭亡国家的道路一定是由这里来的。这三个权贵挖空了国家，自己却非常安逸，这样的话君王您的号令怎能发出？国权怎么能不被分割？这样我的大王您就处在了三个权贵分割一国的地位了。』

应侯曰郑人谓玉未理者璞

原文

应侯曰：『郑人谓玉未理①者璞；周人谓鼠未腊②者朴。周人怀璞，过郑贾③曰：「欲买朴乎？」郑贾曰：「欲之。」出其朴视之，乃鼠也。因谢④不取。今平原君自以贤，显名于天下，然降其主父沙丘⑤而臣之⑥，天下之王尚犹尊之，是天下之王不如郑贾之智也。眩⑦于名，不知其实也。』

注释

①理：这里是指雕琢。②腊：晒干。③郑贾：郑国的商人。④谢：谢绝。⑤降其主父沙丘：降，使……贬谪。这里是说使其主父被贬谪流放到沙丘。⑥臣之：使之（赵主父）如臣。⑦眩：迷惑。

译文

应侯说：『郑国人将尚未雕琢国的玉称之为璞，周国人将尚未晒干的老鼠称之为朴。有个周人怀中揣着朴鼠，从郑国一个商人面前走过，问他道：「想买朴吗？」郑国商人回答说：「想。」周人便将朴鼠掏了出来，郑国商人一看居然是老鼠，便予以谢绝而没有买。现在平原君以贤能自居，名声已扬于天下，然而，也是他将赵主父贬谪驱逐到了沙丘，使君王变成了臣子。可是天下的诸侯依然还尊重平原君，由此可知，天下的诸侯还赶不上郑国的商人有智慧呀，他们是被外在的虚名所迷惑，而看不到事情的真相呀。』

天下之士合从相聚于赵

天下之士，合从①相聚于赵，而欲攻秦。秦相应侯曰：『王勿忧也，请令废②之。秦于天下之士非有怨也，相聚而攻秦者，以己欲富贵耳。王见大王之狗，卧者卧，起者起，行者行，止者止，毋③相与斗者；投之一骨，轻起相牙者，何则？有争意也。』于是唐雎载音乐，予之五十金，居武安④，高会相与饮，谓：『邯郸人谁来取者？』于是其谋者固未可得予也，其可得与者，与之昆弟⑤矣。

注释

①合从：一种军事策略，东西方向的诸侯建立盟约关系为连横，南北方向的诸侯联盟为合纵。从，通『纵』。②废：破坏。③毋：不，表示否定。④武安：赵国地名，位于今天河北邯郸西。⑤昆弟：即兄弟，像兄弟一样。

天下之士为了实行合纵聚合在赵国，想要联合起来攻打秦国。秦国丞相应侯范雎说：『大王不

白起坑弃万军

白起是战国名将，为秦国屡立战功，但为人残忍，长平一战，坑杀了四十万赵军降卒。

要担忧，请让我把他们打散。秦国对于天下之士来说没有什么仇恨，他们聚合在一起打算攻打秦国，无非是因为他们想得到富贵罢了。大王看看您养的那些狗，它们躺的躺，起的起，走的走，站的站，没有互相争斗的；扔给它们一块骨头，它们就会立刻跳起来互相撕咬，为什么呢？因为它们有互相争夺的意图啊。』于是就派唐雎带着乐人乐器和五千金，住到了武安。唐雎大摆宴席，和天下之士一块饮酒作乐，并声称：『住在邯郸的人谁要是愿意，就来领取黄金吧！』这样，主谋攻秦的人全都不肯收赠金，那些肯收赠金的人都是和秦国友好的。

原文

『公与秦计功者，不问①金之所之，金尽者功多矣。今令人复载五十金随公。』唐雎行，行至武安，散不能②三千金，天下之士，大相与斗矣。

注释

①问：过问。②不能：此处指还未到。

译文

唐雎回到了秦国，范雎又对他说：『你是为秦国谋事的，

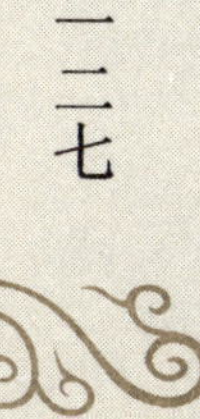

不要考虑黄金都干什么用了，只要是黄金用完了，收效就大。现在再派人带上五千金供你使用。』唐雎又出发了，到了武安，还没等用去三千金，天下之士就互相争斗起来了。

谓应侯曰君禽马服乎

原文

谓应侯曰：『君禽马服①乎？』曰：『然。』『又即围邯郸乎？』曰：『然。』『赵亡，秦王王矣，武安君②为三公。武安君所以为秦战胜攻取者七十余城，南亡鄢郢、汉中，禽马服之军，不亡一甲，虽周、吕望之功亦不过此矣。赵亡，秦王王，武安君为三公，君能为之下乎？虽欲无为之下，固不得之矣。秦尝攻韩邢，困于上党，上党之民皆返为赵，天下之民不乐为秦民之日固久矣。今攻赵，北地入燕，东地入齐，南地入楚、魏，则秦所得不一几何。故不如因而割之，因以为武安功。』

注释

①禽：通『擒』。马服：这里指赵括，赵括袭父赵奢爵为马服君。②武安君：秦国的大将白起，白起被封为武安君。

译文

有人问应侯范雎：『大人您擒获赵括了吗？』应侯回答说：『是的。』那人又问：『大人您又即将围困赵国的邯郸城了吗？』应侯又回答说：『是的。』那人说道：『赵国灭亡了，秦王就可以称王于天下了，武安君白起就要成为三公这样的官员了。武安君白起为秦国打下胜仗攻取土地七十多个城池，南边攻取了鄢郢、汉中之地，擒获了赵括的军队，没有耗费一个兵甲，即使是周文王、姜太公吕尚也不过如此。赵国灭亡了，秦王就可以称王于天下了，武安君白起就要成为三公这样的官员了，大人您难道能心甘情愿屈尊于他之下吗？即使不想屈尊其下，也无法改变。秦国曾经攻打韩国的邢地，韩人被围困在上党，上党的百姓都返回去了赵国，天下人不想成为秦国的百姓也已经很久了。如今秦国要攻打赵国，北面的国土将会被燕国占领，东面的土地将会被齐国占领，南面的土地将被楚国、魏国占领，这样秦国得到的也将所剩无几。所以不如让赵国割让土地送给秦国，用这个替武安君建立些功勋。」

应侯失韩之汝南

应侯[①]失韩之汝南，秦昭王谓应侯曰：『君亡国，其忧乎？』应侯曰：『臣不忧。』王曰：『何也？』曰：『梁人有东门吴者，其子死而不忧。其相室[②]曰：「公之爱子也，天下无有，今子死不忧，何也？」东门吴曰：「吾尝无子，无子之时不忧，今子死，乃即与无子时同也。臣奚忧焉！」臣亦尝为子[③]，为子时不忧，今亡汝南，乃与即为梁馀子用也。臣何为忧？』

注释

①应侯：即范雎。②相室：管家。③子：平民、小民。

译文

应侯范雎失去了在韩地汝南的封地。秦昭王对应侯说道：『你失去了自己在汝南的封地以后，是不是非常难过呢？』范雎回答道：『臣并不为此而难过。』昭王问道：『为何你不难过呢？』范雎回答说：『梁国有一个名叫东门吴的人，他的儿子死了，然而他并不为此感到难过忧愁，他的管家便问他道：「主人你对儿子是那样的疼爱，可以说是天下少有的，如今您的儿子不幸死了，为何您却不感到难过呢？」东门吴回答道：「我当初原本是没有儿子，没有儿子的时候并不感到难过；现在儿子死了，就相当于是恢复到了没儿子时的状态，我为什么要感到难过呢？」臣当年仅仅是一介平民，身为平民的时候并感到忧愁，现在失去了封地汝南，就相当于是恢复了原来的平民身份，又有什么值得我难过的呢？』

原文

秦王以为不然，以告蒙傲曰：『今也，寡人一城围①，食不甘味，卧不便席。今应侯亡地而言不忧，此其情②也？』蒙傲曰：『臣请得其情③。』蒙傲乃往见应侯，曰：『傲欲死。』应侯曰。』何谓也？』曰：『秦王师君，天下莫不闻，而况于秦国乎？今傲势得秦为王将，将兵。臣以韩之细④也，显逆诛，夺君地。傲尚奚生？不若死。』应侯拜蒙傲曰：『愿委之卿。』蒙傲以报于昭王。自是之后，应侯每言韩事者，秦王弗听也，以其为汝南虑⑤也。

注释

①一城围：一座城池被围困。②情：合乎情理。③情：情况。④细：弱小。⑤虑：谋划。

译文

秦昭王听了以后不相信，于是便对将军蒙傲说：『现今来说，如果寡人有一个城池遭受了敌人的围困，寡人就会为此而寝食不安地发愁，如今范睢丧失了自己的封土，反倒称自己一点也不难过，他说的话能合乎情理吗？』蒙傲说道：『请让臣子我前去了解一下究竟是怎么回事！』于是蒙傲便前去拜见范睢说：『我想自杀！』范睢问道：『将军您为何要说这种话呢？』蒙傲回答说：『现在君王已经拜阁下为师，这件事是全天下的人都知道的了。现在蒙傲我侥幸担任了秦国的将军，却眼睁睁地看着那个弱小的韩国竟敢违逆秦国并夺走阁下您的封地，我蒙傲还有什么颜面活在世上？还不如死了的好！』范睢向蒙傲答拜说道：『我愿意将夺回汝南的封地这件事托付于您！』于是蒙傲就将范睢的话回奏给了秦昭王。从此以后，每当范睢谈论到韩国的时候，秦昭王就不想再听下去，认为这都是范睢为了夺回汝南而谋划的伎俩。

秦攻邯郸

秦攻邯郸，十七月不下。庄谓王稽[1]曰：『君何不赐[2]军吏乎？』王稽曰：『吾与王也，不用人言。』庄曰：『不然，父之于子也，令有必行者，必不行者。曰「去贵妻，卖爱妾。」此令必行者也，因曰：「毋敢思也。」此令必不行者也。守闾妪曰，「其夕某懦子[3]内[4]某士。」贵妻已去，爱妾已卖，而心不有欲；教[5]之者，人心固有。今君虽幸于王，不过父子之亲；军吏虽贱，不卑于守闾妪。且君擅主轻下[6]之日久矣。闻「三人成虎[7]，十夫楺椎[8]，众口所移，母翼而飞[9]。」故曰：「不如赐军吏而礼之。」王稽不听。

注释

①王稽：秦国大将。②赐：赏赐。③孺子：对年轻妇女的美称。妇人之美称。④内：通『纳』，私通。⑤教：意思是控告。⑥擅主轻下：依仗君王的宠信而轻慢属下。⑦三人成虎：意思是说如果有三人都谎报市上有虎，听者就会信以为真。比喻谣言或讹传经过一再反复地传播，就有可能让人信以为真。⑧揉椎：直的木棒也可以将其折弯。⑨母翼而飞：即不翼而飞。

译文

秦国兴兵攻打邯郸，经过了十七个月的苦战也没能将其攻下，秦国有个名为庄的人对秦国大将王稽说道：『为何您一直都没有赏赐下级军官呢？』王稽回答说：『我和君王之间，彼此互相信赖，无需听别人的。』庄又说道：『我认为你这样说是不对的，即便是父子的关系，也有令在必行和令不必实行的分别。比如说父亲对儿子说「丢掉你的娇妻，卖掉你那爱妾」，这就是一道必须要施行的命令，如果父亲对儿子说「你不能想自己的妻妾」，这就是一道必定无法施行的命令。有个看守闾里大门的老太太说：「有一天晚上，一个年轻媳妇召进了一个野男人。」对前一件事而言，儿子的娇妻已经走了，爱妾也已经被卖了，但父亲却不应说不许儿子有任何思念之情。对后一件事而言，想要控告那对青年男女通奸，每个人都能够有这种想法。如今阁下虽然十分得君王的宠信，但是终究不会超过父子间的骨肉亲情；而那些下级军官虽然身分低微，也不至于会低于那个看门的老太婆。何

况阁下一向仰仗着君王的宠信，轻视自己的属下，这种情况已经很久了。常言道：「如果三个人都说有虎，大家就会都相信真的有虎；如果十个人都说大力士可以将铁椎折弯，大家也都会相信这件事；如果所有人都那么说，就可以让东西不翼而飞。」因此您实在是应当赏赐诸军官，并且对他们加以优遇呀！』王稽不肯采纳这个人的建议。

原文

军吏穷，果恶[①]王稽、杜挚以反[②]。秦王大怒，而欲兼诛范雎[③]。范雎曰：『臣东鄙[④]之贱人也，开罪[⑤]于楚、魏，遁逃来奔。臣无诸侯之援，亲习[⑥]之故。王举臣于羁旅之中，使职事[⑦]，天下皆闻臣之身与王之举也。今遇惑或与罪人[⑧]同心，而王明诛之，是王过举[⑨]显于天下，而为诸侯所议也。臣愿请药赐死，而恩以相葬臣[⑩]，王必不失臣之罪，而无过举之名。』王曰：『有之。』遂弗杀而善遇之。

注释

①恶：这里是诬告。②反：谋反。③兼诛范雎：要将范雎一同处死。按照秦法规定，如果被举荐人为官不善，那么举荐人也会受牵连受罪。王稽是范雎举荐的，王稽被处死，所以秦王要将范雎一并处死。④东鄙：指魏国，魏国在秦之东，故称东鄙。鄙，意思是边邑。⑤开罪：得罪。⑥亲习：指亲戚故旧之人。⑦职事：即主持国事。⑧罪人：这里是指王稽。⑨过举：错误地推举。⑩以相葬臣：按照相国的葬礼规格葬臣。

译文

后来诸军官全都处于困顿之境，时间久了，果然就有人返回到秦国，诬告王稽和杜挚谋反。秦昭王听了后大怒，想要将举荐王稽的范雎一同处死。范雎说道：『臣原本不过是魏国乡间的一介草民，由于在魏国触犯了法规，这才逃到秦国来。臣没有其他诸侯的支援，也没有亲朋故交在秦国担任官职。然而大王您却能在臣流亡之时委以重用，将君国大任托付给我，天下的人都知道大王亲自任用下臣的事。如今下臣遭遇谗言，有人认为下臣和罪人王稽是同一立场的，而大王更是要公开处死我，这就相当于说大王从前重用臣的举措是错误的，而这必将会招致天下诸侯的议论。因此臣情愿服毒自尽，并且恳求大王恩准仍旧以相之礼节葬臣。这样的话，大王既可以将臣处以死罪，也不会落下误用重臣的名称。』秦昭王说道：『你说的很有道理！』于是，秦王便没有杀范雎，而且仍旧厚待于他。

蔡泽见逐于赵

原文

蔡泽①见逐于赵，而入韩、魏，遇夺釜鬲②于途。闻应侯任郑安平、王稽，皆负重罪③，应侯内惭。乃西入秦，将见昭王，使人宣言以感怒应侯，曰：『燕客蔡泽，天下骏雄弘辩之士也，彼一见秦王，秦王必相之而夺君位。』

注释

①蔡泽：燕国人，有名的说客。②釜鬲：指两种做饭用的炊具，即蒸锅和曲足鼎。③应侯任郑安平、王稽，皆负重罪：郑安平、王稽都是应侯所举荐的，郑安平领兵攻打赵国，被困投降；王稽，攻打邯郸久战而不胜，后被人诋毁叛国，两人都被治以重罪。

译文

赵国把燕人蔡泽驱逐了出去以后，蔡泽就去了韩国和魏国，中途碰到了抢劫，夺走了他的炊具釜、鬲。蔡泽曾听闻应侯范雎举荐的郑安平、王稽，都被治以重罪，应侯自己感到非常惭愧。于是他往西来到了秦国，将要拜见秦昭王。蔡泽派人宣扬激怒应侯说：「燕人蔡泽是天下非常善于辩论的人，他如果拜见秦王的话，秦王一定会任命他做相国，而夺去您的相国之位。」

原文

应侯闻之，使人召蔡泽。蔡泽入，则揖应侯，应侯固不快；及见之，又倨①。应侯因让之曰：「子常宣言代我相秦，岂有此乎？」对曰：「然。」应侯曰：「请闻其说。」蔡泽曰：「吁，何君见之晚也？夫四时②之序，成功者去。夫人生手足坚强，耳目聪明，圣知，岂非士之所愿与？」应侯曰：「然。」蔡泽曰：「质仁秉③义，行道施德于天下，天下怀乐敬爱，愿以为君王，岂不辩智之期与？」应侯曰：「然。」蔡泽复曰：「富贵显荣，成理万物，万物各得其所。生命寿长，终其年而不夭伤，天下继其统，守其业，传之无穷，名实纯粹，泽流千世，称之而毋绝，与天下终，岂非道之符，而圣人所谓吉祥善事与？」应侯曰：「然。」泽曰：「若秦之商君④、楚之吴起⑤、越之大夫种⑥，其卒亦可愿矣？」

注释

①倨：态度傲慢。②四时：四季，春夏秋冬。③秉：操持，秉持。④商君：即商鞅，曾为秦国变法，使秦国大治，最终却被分尸处死。⑤吴起：曾师曾参，后来成为楚国的相国，辅佐楚悼王变法，悼王死后被杀害。⑥大夫种：即文种，任春秋时期越国的大夫之职，曾辅佐越王灭掉吴国，洗刷当年

的耻辱，多次立下大功，最后却被越王赐死。

译文

应侯听闻这些话之后，就派人召见蔡泽。蔡泽来了以后，就只向应侯作了一下揖，应侯原本心里就不畅快；等到见了他，又十分傲慢。于是应侯就责问他说：『您曾经宣言说要替我辅助秦国，可有此事？』蔡泽回答说：『的确如此。』应侯说：『我想要听听您的说法。』蔡泽说：『哎！您为什么反应这么迟钝啊？春、夏、秋、冬，四季之时相互更迭，成功的人也会离去。人生下来手脚强健，耳聪目明，像圣人一样智慧，这不是人人所希望的吗？』应侯说：『是这样啊！』蔡泽说：『拥有仁爱之心，秉持正义，施行仁义之道，恩惠于天下，天下人都心情愉悦，对他心怀敬爱，希望把他作为君王。这不正是明辩智慧之人所希望的吗？』应侯说：『是啊。』蔡泽又说：『富裕、显贵又荣耀，善于治理万事万物，世间万物各自得到其所需要的。每个人都能长寿，享尽天年而不夭折死亡。天下百姓都能继承其传统，守住其业绩，代代相传以至无穷，名利与实利都能兼得，恩泽遗流千代，被人称赞永不绝口，与天地共同终结，这难道不是行仁义之道的结果吗，这难道不是圣人所谓的吉祥的好事吗？』范睢说：『是这样啊。』蔡泽说：『比如秦国的商鞅、楚国的吴起、越国的文种，他们最终得以如愿以偿了吗？』

原文

应侯知蔡泽之欲困己以说，复曰：『何为不可？夫公孙鞅事孝公，极身毋二[1]，尽公不还私，信赏罚以致治，竭智能，示情素，蒙怨咎[2]，欺旧交[3]，虏魏公子卬[4]，卒为秦禽将破敌军，攘[5]地千里；

吴起事悼王，使私不害公，谗不蔽忠，言不取苟合，行不取苟容，行义不图毁誉，必有伯主强国，不辞祸凶；大夫种事越王，主离困辱，悉忠而不解⑥，主虽亡绝⑦，尽能而不离，多功而不矜，贵富不骄怠。若此三子者，义之至，忠之节也。故君子杀身以成名，义之所在，身虽死，无憾悔，何为不可哉？』

注释

①极身毋二：竭尽自己的才智，没有二心。毋二，不背叛，不事奉二主。②蒙怨咎：遭受怨恨和责难。③欺旧交：商鞅设计欺骗公子卬，魏将公子卬和公孙鞅曾是故交。④虏公子卬：，公元前340年秦、魏交兵，魏使公子卬迎击，商鞅大破魏军，俘虏公子卬。⑤攘：夺取。⑥解：通『懈』，懈怠。⑦主虽亡绝：指虽然越王处于危亡的绝境。『主』指勾践。

译文

应侯知道蔡泽想要把自己置于困境以游说，于是又说：『什么是不可以的啊？商鞅作为秦孝公的臣子，一生忠心不二，竭尽所能为公而忘私，严明赏罚制度，秦国治理得很好，用尽了自己所有的智慧，显示了自己的一片赤心，却被人怨恨，遭到责难，为了秦国他竟然欺骗了自己的故交，虏去了魏公子卬，最终替秦国擒捉了魏军的将军而大胜敌军，拓展了千里的疆土。吴起事奉楚悼王，绝对不会因为私人关系而损害了国家的利益，更不会进虚假的谗言来丧失自己的忠节，说话不会阿谀逢迎以苟合，做事不顾及面子，实行仁义之事，就不担心毁坏了荣誉，为了使君王成为霸主，使国家强大，不害怕祸患与凶恶。大夫文种事奉越王，虽然越王陷入困辱之境，依然忠心耿耿，毫无懈怠，越王虽然被俘虏，依然竭尽自己的所能，不离不弃，虽然拥有很多的功劳但是绝不骄傲，虽然后来享有富贵却也不自满怠惰。像这样的三位臣子，乃是仁义的极致，忠诚的榜样。所以君子即使是牺牲生命也要成就名节，只要能够保全仁义，即使死了，也不会遗憾懊悔，怎么能说不可以呢？』

原文

蔡泽曰：『主圣臣贤，天下之福也；君明臣忠，国之福也；父慈子孝，夫信妇贞，家之福也。故比干[1]忠不能存殷，子胥知不能存吴，申生[2]孝而晋惑乱。是有忠臣、孝子，国家灭乱何也？无明君贤父以听之，故天下以其君父为戮辱，怜其臣子。夫待死而后可以立忠成名，是微子[3]不足仁，孔子不足圣，管仲不足大也。』于是应侯称善。

注释

①比干：殷纣王的叔叔，对国家忠心耿耿，但是纣王荒淫不理国政，比干曾多次进谏，纣王终不听从，最终被剖心而死，之后商也灭亡了。②申生：春秋时晋献公太子，非常孝顺，但最终却被人诋毁，自缢而死，随后晋国长时间的内乱不停。③微子：商纣王的兄长，多次向纣王进谏，没有成效，之后流浪在外，曾被孔子奉为殷商的三大仁人之一。

译文

蔡泽说：『国君圣明大臣贤能，这是天下百姓的福气；国君英明大臣忠贞，这是国家社稷的洪福；父亲慈祥儿子孝敬，丈夫诚信妻子忠贞，这是家庭的福气。但是虽然比干对国君一片忠诚却不能使殷得以保存；伍子胥虽然非常智慧但却无法使吴国保存；申生虽然很孝敬长辈却仍然不能使晋国避免内乱。这些国家虽然有忠臣、孝子，国家仍然灭亡、混乱，这是何原因呢？没有圣明的君主、

比干

商朝贵族商王太丁之子，名干。子姓之后，沫邑人（今卫辉市北）。从政四十多年，忠君爱民，国君纣荒淫无道，他冒死直谏，被剖心而死。

贤能的父亲听取他们的意见，所以天下的百姓认为他们的君主、父亲凶残耻辱，却非常怜悯大臣、儿子。只有到死了以后才可以被作为忠烈，成就名节，这是微子不够仁义，孔子不够圣贤，管仲不够大度的原因吗？』于是应侯就说是。

蔡泽得少间，因曰：『商君、吴起、大夫种，其为人臣尽忠致功，则可愿矣。闳夭事文王，周公辅成王也，岂不亦忠乎！以君臣论之，商君、吴起、大夫种，其可愿孰与闳夭、周公哉！』应侯曰：『商君、吴起、大夫种不若也。』蔡泽曰：『然则君之主，慈仁任忠，不欺旧故，孰与秦孝公、楚悼王、越王乎？』应侯曰：『未知何如也。』蔡泽曰：『主固①亲忠臣，不过秦孝、越王、楚悼，君之为主正乱、批患、折难，广地殖谷，富国、足家、强主，威盖海内，功章②万里之外，不过商君、吴起、大夫种，而君之禄位贵盛，私家之富过于三子，而身不退，窃为君危之。语曰：「日中则移，月满则亏」，物盛则衰，天之常数也。进退盈缩，变化，圣人之常道也。

注释

①固：原本。②章：传扬，彰显。

译文

蔡泽稍微停了一会，又接着说：『商鞅、吴起、文种作为君王的臣子，竭尽忠心，建立功勋，让人敬仰。闳夭事奉周文王，周公辅政成王，这岂不也是进忠吗？用君臣的关系来评论的话，他们谁更让人敬仰呢？』应侯说：『商君、吴起、大夫种没有闳夭、周公旦值得敬仰。』蔡泽说：『由此来看您的君主，宅心仁厚，信任忠良，不背弃旧交，与秦孝公、楚悼王、越王相比，哪一个更好呢？』应侯说：『不知道哪个更好。』蔡泽说：『您的君王对忠臣的信任，不会比秦孝公、越王、楚悼王更高。大人您为秦王安定骚乱，消除祸患，排除危难，扩展疆土，种植稻谷，使国家富强，家庭富足，君主更为强大，声威盖住天下其他诸侯，立下的功勋都能传到万里之外，其实您并不比商君、吴起、大夫种功绩更大，但是您的地位更为尊贵，俸禄更为优厚，您家里的财富要比这三人多得多，您这个时候还不归隐，我私下为您而感到担忧。俗话说：「太阳在正午之后就会下移；月亮圆了之后就会亏损。」事物发展到了鼎盛时期之后就必定要衰竭，这是天的必然规律。进退盈缩要根据形势而定，这是圣人所遵循的通常的道理。

原文

『昔者，齐桓公九合诸侯，一匡天下，至葵丘之会，有骄矜之色，畔①者九国；吴王夫差无敌于天下，轻诸侯，凌齐、晋，遂以杀身亡国；夏育、太史启叱呼骇三军，然而身死于庸夫，此皆乘至盛不及道

理也。夫商君为孝公平权衡，正度量，调轻重，决裂阡陌，教民耕战，是以兵动而地广，兵休而国富，故秦无敌于天下，立威诸侯，功已成，遂以车裂；楚地，持戟百万，白起率数万之师以与楚战，一战举鄢郢[②]，再战烧夷陵，南并蜀、汉，又越韩、魏攻强赵，北阬马服[③]，诛屠四十余万之众，流血成川，沸声若雷，使秦业帝。自是之后，赵、楚慑服，不敢攻秦者，白起之势也，身所服者七十余城，功已成矣，赐死于杜邮。吴起为楚悼罢无能，废无用，损不急之官，塞私门之请，壹[④]楚国之俗，南攻杨越，北并陈、蔡，破横散从，使驰说之士，无所开其口，功已成矣，卒支解；大夫种为越王垦草创邑，辟地殖谷，率四方士，上下之力，以禽劲吴，成霸功。勾践终棓[⑤]而杀之。此四子者，成功而不去，祸至于此。此所谓信而不能诎，往而不能反者也。范蠡知之，超然避世，长为陶朱。

注释

①畔：通“叛”，指背叛。②郢：楚国都城，位于今湖北荆州。③马服：指赵括，赵括袭父赵奢爵为马服君。④壹：统一。⑤棓：通“背”，背离，背弃。

译文

“古时候齐桓公多次与诸侯会合，匡扶天下，到在蔡丘与诸侯盟会的时候，就显得有些骄傲自满，最终被很多诸侯所背叛。吴王夫差曾经天下无人能敌，对其他诸侯很轻视，欺凌齐国和晋国，最终被杀，国家也亡了。勇士夏育、太史启威震三军，十分勇猛，最后却死于一个非常平庸的人手中，这都是他们因为不明白事物发展到极盛之后就会衰弱的道理所造成的。商鞅为秦孝公实行变法，统一度量衡，调整赋税的轻重，开垦土地，教授百姓耕种之法，操练战士，这样秦军一发兵，就能开拓土地，修兵养息的话国家就会富足。所以当时的秦国天下无敌，在诸侯中非常有威望。功业已经建立了，于是商鞅就被车裂分尸而死。楚国拥有百万兵士，秦将白起带领数以万计的军队与楚国交战。一次作战就攻取了楚国的鄢地和郢都，又战，销毁了夷陵，在南边吞并了蜀、汉之地，又越过韩国和魏国进军强赵，在北边又在坑里活埋了马服君赵括，诛杀了四十多万的赵军，顿时血流成河，惨叫声就像雷声一样，最终造就了秦国的帝业。从此以后，赵国、楚国都慑服于秦国，不敢再攻打秦国，害怕秦将白起的威猛之势。白起亲自降服的城邑，就达七十多座。功业已经完成了，就被赐死在杜邮。吴起替楚悼王把无能的人给罢免了，无用的人给废除了，精简不是国家急需的官员，堵住了私人的请求，使楚国的风俗习惯保持了统一，在楚国南面攻下了杨越，在北面吞并了陈、蔡，破除诸侯间对付楚国的连横合纵之计谋，使到各诸侯国游说的策士没有开口说话的地方，造就了功业之后，就被肢解杀害了。越大夫文种为勾践开辟荒地建立城邑，开垦田野栽种谷物，带领四方将士，集中所有的力量，擒获了强大的吴国，建立了霸王之业。勾践最终背弃并杀害了文种。这四个人都成就一番功业却没有离开，由此招致了杀身之祸。这就是所说的可以伸却不可以屈，可以进却不可以退的人。范蠡懂得这个道理，超然地躲避官场，一直是富有的陶朱公。

原文

『君独不观博①者乎？或欲分大投，或欲分功②，此皆君之所明知也。今君相秦，计不下席，谋不出廊庙，坐制诸侯，利施三川，以实宜阳，决羊肠之险，塞太行之口，又斩范、中行③之途，栈道千里于蜀、汉，使天下皆畏秦。秦之欲得矣，君之功极矣，此亦秦之分功之时也！如是不退，则商君、

白公、吴起、大夫种是也。君何不以此时归相印，让贤者授之？必有伯夷之廉，长为应侯，世世称孤，而有乔、松④之寿，孰与以祸终哉？此则君何居焉？』应侯曰：『善。』乃延入坐为上客。

注释

①博：赌博。②或欲分大投，或欲分功：指有人想独自占有，有人想分享利益。分大投，赢了自己独吞；分功，所赢的与大家分。③范、中行：范氏和中行氏为春秋末期晋国六卿之二，这里用来指代三晋（赵、魏、韩）。④乔、松：即王子乔、赤松子，二人都很长寿。

译文

『大人您难道没有看到过赌博的人吗？有人想独自占有，有人想分享利益，这都是您明确知道的。您如今是秦国的相国，用计不用离开席子，谋划不用走出朝廷，坐着就可以控制天下诸侯，占有了韩国的三川之利，巩固了宜阳，掌控了羊肠这个险道，把太行山的入口也堵住了，又断绝了三晋往来的交通之路，修建了通往蜀、汉的上千里的栈道，使天下所有的诸侯都畏惧秦国。秦国的欲望已经满足了，大人您的功绩也到了极致，现在正是秦国分享功绩的时候！如果您现在还不隐退，您就会得到与商鞅、吴起、文种等人相同的下场。您何不此时归还相国之印，让给其他的贤能之士呢？您必然会被誉为像伯夷一样清廉，一直做你的应侯，把爵位世代相传，还能像王子乔和赤松子一样长寿。这与惨遭身祸而死相比，您选择哪一种好呢？』应侯说：『很有道理。』于是就请蔡泽入座，按照上宾来对待。

原文

后数日，入朝言于秦昭王曰：『客新有从山东来者蔡泽，其人辩士，臣之见人甚众，莫有及者，臣不如也。』秦昭王召见，与语，大说之，拜为客卿。应侯因谢病，请归相印。昭王强起应侯，应侯遂称笃，因免相。昭王新说蔡泽计画，遂拜为秦相，东收周室。

蔡泽相秦王数月，人或恶之。惧诛，乃谢病归相印，号为刚成君。秦十余年，事昭王、孝文王、庄襄王，卒事始皇帝。为秦使于燕，三年而燕使太子丹入质于秦。

译文

数日之后，范睢入朝觐见对秦昭王说道：『有一个刚刚从崤山以东过来的宾客蔡泽。这是个善辩之人，我见过的人很多，但却没有能超过这位辩士的，我的确远远比不上他。』秦昭王于是就召见了燕人蔡泽，和他进行谈论，昭王十分高兴，因此就授为秦国的客卿。此后应侯范睢就声称有病不再上朝议政，并且请求把相印归还。秦昭王强行挽留应侯，应侯声称自己的病很严重，最终免去了他的相国之职。昭王对蔡泽的策略十分欣赏，就把蔡泽拜为秦相，向东收并了周王室。

蔡泽辅佐秦王几个月之后，有人诋毁他，他害怕被诛杀，也称病归还了相国之印，秦昭王把他封为『刚成君』。之后十几年，秦国历经昭王、孝文王、庄襄王几代君主，最终侍奉秦始皇。后来作为秦国的使者出使燕国，三年后燕国就把太子丹送到秦国作为人质。

卷六 秦策四

秦取楚汉中

秦取楚汉中，再战于蓝田①，大败楚军。韩、魏闻楚之困②，乃南袭至邓③，楚王引归④。后三国⑤谋攻楚，恐秦之救也。或说薛公：『可发使告楚曰：「今三国之兵且去⑥楚，楚能应⑦而共攻秦，虽⑧蓝田岂难得哉，况于楚之故地？」楚疑于秦之未必救己也，而今三国之辞去，则楚之应之也必劝。是楚与三国谋出秦兵矣。秦为知之，必不救也。三国疾攻楚，楚必走秦以急，秦愈不敢出。则是我离⑨秦而攻楚也，兵必有功。』薛公曰：『善。』遂发重使⑩之楚，楚之应之果劝。于是三国并力攻楚，楚果告急于秦，秦遂不敢出兵，大臣有功。

注释

①蓝田：地名，秦地。这里是指秦夺取了楚地的汉中，楚怀王大怒，出兵袭秦，最终秦军再一次在蓝田打败楚国。②困：处于困境。③邓：邑名，属楚地。④引归：退兵回国。⑤三国：齐、韩、魏三国。⑥去：离开。⑦应：响应。⑧虽：即使、即便。⑨离：离间。⑩重使：特使。

秦国攻占了楚国的汉中，又和楚军在蓝田交战，大败楚军。韩、魏两国趁着楚国正处于危难之际，便向南进攻，一直攻打到楚国的邓邑，楚王只好领兵返回。再后来，齐、韩、魏三国共同谋划要进攻楚国，但又害怕秦国会对楚国施以救援。有人便对齐相薛公田文说：『您可以派使者前去告诉楚王说：「现在三国的军队即将要撤离楚国边境，如果楚国能够响应三国的号召，一同去进攻秦国，即便是想要攻取秦国的蓝田，又有何难，更何况是仅收回楚国的失地呢？」楚国本在怀疑秦国是否肯出兵支援自己，现在三国又提出此建议，楚国必将积极响应。这样的话，楚国将会和三国一同谋划出兵攻打秦国。如果秦国知道这些情况的话，必定不会再去援救楚国。如果三国再迅速出兵进攻楚国，楚国必将会投奔秦国以求援助，而那时秦国更加不会出兵。这样以来，三国便离间了秦、楚两国，并可集中力量去进攻楚国，必获得大胜。』薛公说：『这个主意很好。』于是，他专门派特使去楚国，楚国果然积极响应他的建议。接着三国合力去攻楚，楚国果又向秦国请求救助，而秦国最终也没出兵援楚。于是三国大获全胜，战功卓绝。

秦昭王谓左右

秦昭王谓左右曰：『今日韩、魏孰与始[①]强？』对曰：『弗如也。』王曰：『今之如耳、魏齐[②]孰与孟尝、芒卯[③]之贤？』对曰：『弗如也。』王曰：『以孟尝、芒卯之贤，帅强韩、魏之兵以伐秦，犹无奈寡人何也，今以无能如耳、魏齐帅弱韩、魏以攻秦，其无奈寡人何，亦明矣。』左右皆曰：『甚然。』

注释

①始：当初。②如耳、魏齐：韩国的如耳，魏国的魏齐。③孟尝、芒卯：孟尝君和芒卯。

秦昭王对左右的近臣说道：『现在韩、魏两国比当初的韩、魏国力强盛吗？』近臣们回答说：『不

如当初国力强盛。」秦王又问道：「现在韩国的如耳、魏国的魏齐和以前的孟尝君芒卯相比，能力更强吗？」近臣们回答说：「不如孟尝君和芒卯。」昭王说：「当初孟尝君、芒卯是那样的有能力，率领的也是强劲的韩、魏大军，前来进攻秦国，尚且对寡人无可奈何，如今如耳、魏齐这些庸常之辈，率领的又是弱小的韩、魏之兵，想要以此来进攻秦国，必定是更无计可施了，这件事情是很明显的了。」左右臣子都说：「的确是这样。」

原文

中期推琴对曰：「王之料天下过矣。昔者六晋之时①，智氏最强，灭破范、中行，帅韩、魏以围赵襄子于晋阳，决晋水以灌晋阳，城不沉者三板②耳。智伯出行③水，韩康子御④，魏桓子骖乘⑤。智伯曰：『始吾不知水之可亡人之国也，乃今知之。』汾水利以灌安邑，绛水利以灌平阳。魏桓子肘⑥韩康子，康子履⑦魏桓子蹑其踵，肘、足接于车上，而智氏分⑧矣，身死、国亡，为天下笑。今秦之强，不能过⑨智伯，韩、魏虽弱，尚贤在晋阳之下也。此乃方其用肘足时也，愿王之勿易也。」

注释

①六晋之时：晋国有六位卿相的时候，那时晋国势力非常强大。②三板：六尺。③行：视察。④御：驾车。⑤骖乘：车两边的马为骖乘，这里是说担任车两旁的卫士。⑥肘：用肘触碰，名词作动词。⑦履：用脚踩，这里作动词用。⑧分：被瓜分。⑨过：超过。

译文

这个时候，中期推开了琴，郑重地向秦王说道：「大王您对诸侯的事情估计的有偏差呀。以前，晋国在六卿之时，智氏力量最为强大，他先是灭掉了范氏与中行氏，而后又率领韩、魏大军将赵襄子围攻于晋阳，将晋水决开，用以淹灌晋阳城。当时晋阳的城头距离水面仅有六尺之高。智伯出来察看水势的时候，魏桓子为其驾车，韩康子担任车两旁的卫士，智伯说：「开始的时候，我不知道还可以用水去消灭他人的国家，现在我才知道了。」汾水可以用来淹灌韩的都城平阳，绛水可以用来淹灌魏的都城安邑。魏桓子暗暗地用肘臂触碰了韩康子一下，韩康子也暗暗地踩了魏桓子的脚后跟一下，在车上他们不敢明言，只好暗暗地用肘、脚触碰，用来互相致意。于是，智氏后来便被魏、韩、赵三国给瓜分了。智伯落了个身死国亡的下场，为天下人所耻笑。现在秦国虽然很强大，但还不能算是超过了当时的智伯，韩、魏虽然国力弱小，也比赵襄子被困于晋阳时情况还要好一些。现在正是韩、魏暗自谋算筹划的时候啊！希望大王您千万不要疏忽大意呀。」

楚魏战于陉山

原文

楚、魏战于陉山，魏许秦以上洛，以绝秦于楚。魏战胜，楚败于南阳。秦责赂①于魏，魏不与。营浅谓秦王曰：『王何不谓楚王曰：「魏许寡人以地，今战胜，魏王倍②寡人也，王何不与寡人遇。魏畏秦、楚之合，必与秦地矣。是魏胜楚而亡地于秦也。是王以魏地德③寡人，秦之④楚者多资⑤矣。魏弱，若不出地，则王攻其南，寡人绝其西，魏必危。」』秦王曰：『善。』以是告楚。楚王扬言与秦遇。魏王闻之，恐，效⑥上洛于秦。

注释

①责赂：索要赂物。赂，这里是指用以进贡的财物。②倍：违背。③德：恩德，动词。④之：给予。⑤资：财物。⑥效：送上、奉上。

译文

楚、魏两国在陉山发生战争，魏国答应将上洛之地割让给秦国，以此希望秦国不要去援助楚国。魏国在南阳取得了战争的胜利，秦国便向魏国索要上洛之地，魏国却不答应了。秦人营浅对秦王说道：『大王您为什么派人去对楚王这么说：「当时魏王以秦国不去援助楚国为条件，答应将上洛之地割让给秦国，现在魏国取得了胜仗，却违背了之前的约定，大王您怎么不和秦国联合起来呢。魏国因为害怕秦、楚联合，必定会割地给秦国。这样一来，魏国虽然取得了胜利，却依然会割地给秦国。这正是大王您将魏国的土地给了秦国，对秦国是有恩德的。秦国必将派使臣前往楚国，多多赠与楚国财币。魏国国力弱小，如果不将土地割让给秦国，大王就去攻打它的南部，秦国去攻击它的西部，这样一来，魏国必然会灭亡。」』秦王说：『这个主意很好。』于是就派人将这番话告诉楚王。楚王便宣扬要和秦国联合。魏王听说秦、楚将要联合起来，非常害怕，于是便将上洛之地割让给了秦国。

秦王欲见顿弱

原文

秦王①欲见顿弱，顿弱曰：『臣之义，不参拜；王能使臣无拜即可矣，不即不见也。』秦王许之。

于是顿子曰：『天下有其实而无其名者，有无其实而有其名者，有无其名又无其实者。王知之乎？』王曰：『弗知。』顿子曰：『有其实而无其名者，商人是也；无把铫推耨之势②，而有积粟之实，此有其实而无其名者也。无其实而有其名者，农夫是也；解冻而耕，暴背而耨，无积粟之实，此无其实而有其名者也。无其名又无其实者，王乃是也；已立为万乘，无孝之名，以千里养③，无孝之实。』秦王悖然而怒。

注释

①秦王：即秦始皇嬴政，此时还没有统一中国，所以仍称秦王。②无把铫推耨之势：没有手拿锄头的劳动。把，拿；铫、耨，都是锄地的器械。势，疑为『劳』。③千里养：用千里的封地奉养。

译文

秦王想要召见顿弱，顿弱却让人转告秦王说：『我的礼义是不向您参拜。倘若秦王您能够答应我不用参拜，我就面见大王；如若不答应的话我就不能面见秦王您。』秦王应允了他。顿弱于是就对秦王说：『天下有具有实在的利益而没有外在的名声的，也有没有实在利益而拥有名声的，还有既没有名声又没有实在的利益的，秦王您可知道这些吗？』秦王回答说：『不知道。』顿弱解释说：『有实在利益而没有名分的人，是商人，他们没有手拿锄头进行过劳动，但是他们却有积存着大量的粮食这样的实利，这就是所说的有其实而无其名。没有实在的利益而有名声的人，是农夫，农夫在春天刚刚解冻的时候就开始耕作，在夏天又会在暴烈的阳光下要锄地，却没有存下粮食的实际利益，这是所说的无实利而有虚名。而既没有实在的利益又没有名声的人，就是大王您！您已经立为万乘之国的君主了，却没有孝顺的名声，虽然您用千里的封地奉养她，但是却没有孝顺母亲的实在利益。』秦王听了之后大发雷霆。

原文

顿弱曰："山东[1]战国有六，威不掩于山东，而掩于母，臣窃为大王不取也。"秦王曰："山东之建国可兼与？"顿子曰："韩，天下之咽喉，魏，天下之胸腹。王资臣万金而游，听之韩、魏，入其社稷之臣于秦，即韩、魏从；韩、魏从，而天下可图也。"秦王曰："寡人之国贫，恐不能给也。"顿子曰："天下未尝无事也，非从即横[2]也。横成则秦帝；从成即楚王。秦帝即以天下恭养；楚王即王虽万金弗得私也。"秦王曰："善。"乃资万金，使东游韩、魏，入其将相，北游于燕、赵，而杀李牧。齐王入朝，四国[3]必从，顿子之说也。

注释

①山东：指崤山以东。②非从即横：不是合纵就是连横。从，通"纵"。③四国：山东六国中除了楚、齐之外的四个国家，即韩、魏、燕、赵。

译文

顿弱又说："崤山以东的诸侯国有六个，大王您的威势不能压倒山东六国，却施压于您的母亲。我私下觉得大王您这样的做法不足以采用。"秦王问："山东各个诸侯国能够兼并吗？"顿子说："韩国，就好像是天下的咽喉；魏国，好似天下诸侯的胸腹。请大王给我万镒黄金以备我游走他国之用，听任我到韩国与魏国，把他们的国家社稷的重臣都送到秦国来，这样韩国、魏国就会听从于我们秦国；一旦韩国和魏国听顺于我们，那么就可以图谋整个天下了。"秦王说："我的国家比较贫穷，恐怕给不了您万镒黄金。"顿子说："天下并非没有什么有变故，不是合纵就是连横。如果连横得以建立的话，秦国就可以称帝于天下；如果合纵得以建立，楚国就会称王于天下。如果秦国称帝的话，则可以得到整个天下的奉养；如果是楚国称王，大王即使拥有万镒黄金，也不能为您私有。』秦王说：『好。』于是就给顿弱出资万镒黄金，派他往东游说韩、魏两国，让他们的将相都来到了秦国；又到北面游说燕、赵，杀掉了赵将李牧。使得齐王来秦朝拜，韩、魏、燕、赵也相继来秦朝拜，这些都要归功于顿弱的游说之词啊！

楚王使景鲤如秦

楚王使景鲤如①秦。客谓秦王曰：『景鲤，楚王使景②所甚爱；王不如留之以市地③。楚王听，则不用兵而得地；楚王不听，则杀景鲤，更不与不如景鲤留。是便计④也。』秦王乃留景鲤。景鲤使人说秦王曰：『臣见王之权轻天下⑤，而地不可得也。臣之来使也，闻齐、魏皆且割地以事秦。所以然者，以秦与楚为昆弟⑥国。今大王留臣，是示天下无楚也，齐、魏有何重于孤国⑦也？楚知秦之孤，不与地，而外结交诸侯以图⑧，则社稷必危。不如出⑨臣。』秦王乃出之。

注释

①如：出使到。②使景：应为衍文。③市地：此处指使楚国以土地来赎回景鲤。④便计：便利之计。⑤权轻天下：权势将被天下人所轻贱。⑥昆弟：兄弟。⑦有何重于孤国：有，即『又』，孤国，是指秦国没有楚国的援助的话，便成为孤立之国，齐、魏也就不会再尊重秦国了。⑧以图：以此去图谋秦国。⑨出：释放。

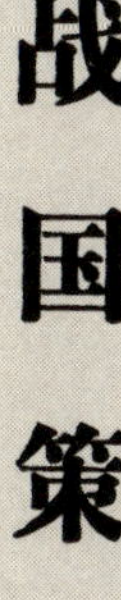

译文

楚王派景鲤前去出使秦国。有人对秦王说道：『景鲤很得楚王的宠爱，大王不如将他扣留在秦国，以此向楚国索求土地。如果楚王答应割地的话，那就是不必动用兵卒就可以得到土地；如果楚王不答应的话，那就将景鲤杀掉，让楚国更换一个比不上景鲤的人前来。这可是万全的便利之计呀。』于是秦王便扣留了景鲤。景鲤派人向秦王劝说道：『我看大王这么做，权势将会为天下人所轻贱，而割地反倒得不到。我从楚国出使到秦国，听说齐、魏将要割地献给秦国。他们之所以会这样，是因为秦、楚两国是兄弟之邦。现在大王将我扣押在秦国，就是对诸侯表明：秦、楚两国将要断绝关系了。齐、魏两国一旦知道秦国变成了孤立之国，就不会再割地献给秦国了，而且会通过结交诸侯一同去图谋攻打秦国。这样的话，秦国便会处于危险之境了。不如您还是将我放回楚国吧。』秦王于是就释放了景鲤。